LAS ENSEÑANZAS ENERGÉTICAS
de
Los Tres

LAS ENSEÑANZAS ENERGÉTICAS de
Los Tres

Guía y prácticas para abrir tu
corazón y sanar tu mente

David T. Kyle, PhD

Traducido por Roberto Rey Canales, B.Sc., Sanador Pránico.

Dancing Raven & Company

Copyright © 2024 por David T. Kyle

Reservados todos los derechos. Este libro o cualquier parte del mismo no puede reproducirse ni utilizarse de ninguna manera sin el permiso expreso por escrito del editor, excepto para el uso de citas breves en una reseña de un libro o una revista académica.

Publicado por Dancing Raven & Company Nevada City, CA
www.lindandkyle.com Primera impresión: 2020

Editora: Nina Shoroplova—ninashoroplova.ca
Diseño de portada: Zizi Iryaspraha Subiyarta
Diseño de interiores y libros electrónicos: Amit Dey—amitdey2528@gmail.com
Consultor de producción y publicaciones: AuthorPreneurPublishing Inc.—authorpreneurbooks.com

Número de Biblioteca del Congreso: 2020921850 ISBN: 978-1-7361066-0-0 (p)

ISBN: 978-1-7361066-6-2 (paperback)
ISBN: 978-1-7361066-7-9 (ebook)

OCC003000 CUERPO, MENTE Y ESPÍRITU / Canalización y Mediumnidad
OCC011000 CUERPO, MENTE Y ESPÍRITU / Sanación / General
OCC011010 CUERPO, MENTE Y ESPÍRITU / Sanación / Energía
OCC019000 CUERPO, MENTE Y ESPÍRITU / Inspiración y Crecimiento Personal
OCC036030 CUERPO, MENTE Y ESPÍRITU / Chamanismo

Dedicatoria

A mis maestros y guías, amigos y familiares que me han acompañado en el viaje de mi vida. Gracias por su Amor y cariño.

Contenido

La fuente de las Enseñanzas Energéticas 1

Los Cinco Pilares del Amor 11

    Apreciación 15

    Compasión 21

    Perdón 27

    Bondad 35

    Gratitud 39

    Implicaciones de la Práctica de los Cinco Pilares 47

    Traspasando el Umbral: Práctica de los Cinco
        Pilares del Amor 51

Las Cinco Piedras Fundamentales para la Vida Diaria 55

    Amor Propio 61

    Humildad 65

    Autoaceptación 73

    Reflexión 81

Liberación de Viejos Patrones..............................87

Trabajar con tu Práctica 97

Los Desafíos de los Tiempos Finales............................. 101

La Naturaleza de los Tiempos Venideros 105

El Significado de los Cambios Medioambientales
del Planeta... 113

El Significado Espiritual de los Finales y Comienzos 121

La Promesa de un Mundo Nuevo, un Nuevo Patrón de
Vida y el Despertar de lo Verdaderamente Humano........ 131

Posfacio 145

Reconocimiento 149

Sobre el Autor 151

La fuente de las Enseñanzas Energéticas

A lo largo de mi vida he tenido una fuerte afinidad por las experiencias chamánicas y extradimensionales. He tenido tanto maestros físicos como extradimensionales que me han acompañado en el viaje de mi vida. Este libro es un registro de una de estas experiencias extraordinarias que fue una parte significativa de mi capacitación chamánica en Perú.

A comienzos del año 2000, comencé a aprender y a practicar la sanación tradicional de los Andes. En especial, el camino que recorrí fue aquel de los Laika que proviene de la tradición Quero en la alta región andina peruana. Además de mis maestros en Norteamérica, tengo dos maestros en Perú que me proporcionaron la iniciación, las enseñanzas y prácticas para mi desarrollo mental, emocional, físico y espiritual. Uno de mis maestros fue un *Paqo* (persona sagrada) peruano que había trabajado conmigo en varios sitios sagrados durante algunos días para prepararme para una iniciación en una caverna sagrada. La intención de la iniciación fue que yo sintiese la intensa energía de la caverna y el poder inherente de ser iniciado como paso significativo de mi capacitación.

La caverna estaba ubicada en lo alto del lecho de un rio. Para poder acceder a ella, subimos por unas antiguas y empinadas escalinatas al lado de la montaña. Viéndola a lo lejos, la abertura de la caverna parecía un triángulo perfecto. El uso de esta caverna por parte de los humanos se considera preincaico y puede tener más o menos 10.000 años de edad. Ya al interior de la caverna se encuentra a su entrada un altar esculpido de forma similar a un trono. Más adentro, (la cueva estructuralmente es un enorme triángulo equilátero) se halla esculpida una pared larga con una silla incrustada. El altar-trono y la pared de 9 metros son perfectamente rectos y alisados, como si hubieran pulido el altar y tres asientos y la pared angulada con láser. La pared es de 2 metros de alto por 9 metros de largo y en el centro hay un asiento perfectamente cuadrado de 90 centímetros de ancho por 1,20 metros de alto por medio metro de profundidad. La cúspide de esta caverna triangular se extiende 9 a 12 metros en su parte más alta. La caverna tiene una extensión de casi de 22 metros con nichos de ofrenda incorporados en los lados rocosos para las ceremonias.

Energéticamente se percibe una gran fuerza tan solo al ingresar a la caverna. Mi cuerpo se erizó con la energía como si una carga eléctrica se irradiara alrededor de todo mi ser.

Luego de describir el propósito de la caverna, mi maestro me hizo sentar en el asiento central del "trono-altar" y cerrar los ojos. La iniciación fue muy simple. El me roció el estómago, corazón y cabeza con agua de colonia conocida como *Florida water* (es una loción utilizada por los chamanes de Perú con el propósito de purificar el campo energético del cuerpo), luego colocó sus manos sobre mi cabeza y pronunció algunas palabras en quechua (idioma nativo de los Andes).

Yo tenía los ojos cerrados a medida que él se alejaba.

De repente, sentí un latigazo de energía correr desde mi cabeza hasta la base de mi columna vertebral. A medida que la energía dentro de mi aumentaba, surgió la imagen de tres cuerpos muy elongados de entre 2 y 2,5 metros de alto ante mí. Juntos se me acercaron y tocaron mi estómago, cabeza y corazón. Entendí que esta era su forma de bendecirme y nuevamente sentí una energía increíble corriendo hacia arriba de mi cuerpo desde la base de mi columna vertebral hasta la parte superior de mi cabeza. El movimiento de la energía hacia abajo, atravesando y volviendo a subir por mi columna parecía cauterizar y abrir al mismo tiempo mi cuerpo, al igual que mi corazón y mi mente.

Luego permanecí incólume por otro tiempo absorbiendo la energía de los tres seres y mi maestro me hizo sentar en un nicho cuadrado en el centro de la pared. Luego, realizó otra parte de la iniciación, soplando humo de un cigarro hecho a mano hacia mi cabeza, corazón y estómago. Luego me enseñó cómo experimentarme a mí mismo fuera del tiempo. Me dijo que esta iniciación era para trasladarme a través del tiempo y espacio con el fin de experimentar una dimensión más allá de esta. Al experimentar esta parte de la iniciación, observé elementos de mi pasado, presente y futuro. Durante el resto del día, a medida que absorbía esta conciencia energética intensificada, tuve destellos de visiones de personas y eventos que aparecieron ante mí en diferentes entornos de tiempo y espacio. Por ejemplo, el profesor de mi hijo de siete años estaba con nosotros y luego lo vi veinte años en el futuro. Había otra estudiante con nosotros y percibí elementos mezclados de los cambios espaciales y temporales de su vida, que abarcaban desde su pasado a su futuro, como también un tipo de profecía de lo que surgía para ella en ese momento de su patrón de vida.

Luego, después de abandonar la caverna y volviendo a la casa de mi maestro, él me contó que su maestro también lo había iniciado en la caverna y que él también había experimentado a los tres seres. Me urgió hallar la forma de comunicarme con estos tres seres. Afirmó que no diría nada más de ellos, pero si dijo esto: "Debes encontrar la forma de relacionarte con ellos, ahora son tus maestros para este momento de tu travesía".

Él jamás me volvería a hablar de ellos, ni siquiera si yo hiciera preguntas. Simplemente, menearía la cabeza para decir "no".

Por tal razón exploré varias formas de comunicarme con ellos.

En los días y meses que siguieron esta iniciación descubrí que podría comunicarme con los tres seres a través de un método de preguntas y repuestas escritas que continúa hasta el día de hoy. He realizado una serie vasta de preguntas sobre ellos, de dónde provienen, la naturaleza del universo, nuestro mundo actual y mis propios retos y guía para mi vida.

Muchas veces cuando realizaba una pregunta, ellos la ignoraban y en su lugar me proporcionaban información sobre prácticas para el trabajo con patrones de energía y frecuencia con miras a abrir y transformar mi mente y corazón. Mucha de la información ha sido personal relacionada con mi esposa y conmigo, pero claramente desean que la información que me suministraron sobre el Amor y las prácticas de energía sean compartidas con una audiencia mayor.

A través de esta comunicación con ellos, conocí los nombres de los "Tres", como ellos se autodenominan. Me dieron sus nombres como Jaybar, Raymar y Kandin. Me dijeron que estos nombres son una aproximación representativa en su idioma que hablaban hace miles de años, aunque su idioma era tonal y sería difícil de comprender. Me contaron que Kandin enseña sobre energía, Jaybar enseña sobre información y Raymar presenta la vasta naturaleza de cómo las frecuencias de energía funcionan a través de universos multidimensionales.

Luego, mucho después de regresar a los Estados Unidos supe por qué estos seres se presentaban como tres en lugar de un solo ser. Existe una larga historia de treses en la mitología, las tradiciones místicas y la historia de la religión. En las tradiciones de diosas antiguas, por ejemplo, están la doncella, la madre y la bruja. Están las tres gracias, tres musas las tres cabezas de la diosa Hécate. Y también está el dios de muchas culturas antiguas representado por tres cabezas: una mirando al frente y las otras dos a los otros dos lados. En la mitología griega y romana, está el perro de tres cabezas de Hades llamado Cancerbero, que representan el pasado, presente y futuro y vigila la entrada al inframundo.

Los Tres también mantienen esta misma triada mítica.

Hace poco caí en la cuenta, al pensar sobre los Tres, que ellos me habían dicho: "Los Tres realmente somos uno que proporciona tres facetas en relación con la fuente de vida y energía". Agregaron que estuvieron conmigo en la caverna de tiempo/espacio para enseñarme cómo ver el pasado, presente y futuro fuera del tiempo. Los Tres parecen mantener una vasta extensión de tiempo y espacio no solo de este universo sino de múltiples universos.

Lo que sigue a continuación es una transcripción de la información que ellos me suministraron sobre los Cinco Pilares del Amor, las Cinco

Piedras Fundamentales para la Vida Diaria y los Desafíos del Final de los Tiempos.

Raymar describe su papel conmigo de la siguiente manera:

Nos acercamos a ti en la caverna de tiempo/espacio en Perú para iniciarte en algo que ha sido parte de ti por muchos años. Juntos somos una unidad de enseñanza. Kandin te revelará su papel, pero juntos actuamos como una unidad. Cuando Jaybar te habló sobre la frecuencia del corazón, los tres estábamos hablado contigo al mismo tiempo. Realmente somos una sola mente conectada a la Mente Universal. Podrías decir que somos tres facetas de una sola gema incluida en una multitud de gemas. Si pareciera que uno de nosotros te habla, en realidad, todos te estamos hablando. *Cuando hablamos en tu mente y tu escribes, accedemos a tu estructura de palabras, tus conceptos, conocimientos e información como también a tu propio estilo de comunicación. Si tienes dificultad entendiendo lo que estamos poniendo en tu mente, pregunta y te responderemos de forma diferente.*

Ahora, tenemos una forma particular de información para ti. La mía es la comprensión de la vasta naturaleza de la energía. A los científicos de la Tierra, otras inteligencias que se encuentran en dimensiones similares a las nuestras, y quienes son como nosotros, les está enseñando sobre diferentes formas de energía. Muchos de estos científicos no están en contacto directo con estas inteligencias, sino que la información está siendo colocada en sus mentes.

Somos de una civilización antigua conocida como Mu o Lemuria. Nuestra civilización fue destruida cuando las placas de la Tierra se separaron y nuestra tierra quedó oculta en lo que es hoy el lejano oeste del Océano Pacifico. Sin embargo, el nombre que nosotros le dimos no era Lemuria. Hay un gran malentendido sobre nuestra civilización porque una parte significativa de nuestro desarrollo no se dio en la superficie del planeta. En su lugar, nosotros comprendimos la naturaleza interdimensional de la energía y aprendimos a vivir fuera del tiempo y espacio. De hecho, aun vivimos de esta forma. En este momento, llegamos a ti provenientes de la esfera energética llamada la dimensión de luz pura. Muchos seres interdimensionales han "habitado" alrededor de este planeta por millones de años de la misma manera en que viven alrededor de muchos otros planetas a través de múltiples universos. Los seres tridimensionales como ustedes que han experimentado el llamado fenómeno OVNI, realmente están interactuando con seres de dimensiones de no-espacio/tiempo que se manifiestan en su espacio y tiempo.

Ahora existimos en una multidimensionalidad rica y vibrante y podemos movernos a través del complejo de universos, explorando y aprendiendo. Así, tenemos contacto con muchos otros tipos de inteligencias a través de muchas dimensiones de lo que ustedes piensan que es la realidad. Estamos aquí para ayudarles a mitigar y enfocar las conexiones apropiadas de estos seres para ustedes. Te ayudamos cuando tuviste ese contacto interdimensional por diez años e identificaste ese contacto contigo con lo que denominaste como una bioseñal.

(entre mis años veinte y treinta, experimenté un contacto con seres de otra dimensión, pero eso es otra historia).

También ayudamos a concluir ese trabajo para que pudieras seguir adelante e integrar y desarrollar tu consciencia más integralmente por tu cuenta. Esos seres te ayudaron a ampliar tu precepción, correr el velo de tus creencias y te ayudaron a creer en ti mismo.

Recuerda, el primer imperativo en la existencia es crecer y transformar. La experiencia de un nacimiento y muerte tridimensional es un asunto muy diferente de tus experiencias previas en otras dimensiones de la realidad. En esta dimensión, como humano, se trata de un proceso de despertar tu consciencia con el fin de percibir más allá del condicionamiento normal de este patrón particular de la realidad que vive dentro de ti.

En esta vida tienes una serie de maestros y guías de otras esferas y eres uno con ellos, tal como nosotros somos una unidad. Recordarás que cada uno llegó a ti en un momento particular de tu consciencia y desarrollo. Ayudas y sirves a cada uno de ellos igual que ellos lo hacen por ti. Es el Amor y la energía que les permite crecer juntos. *Lo que comprendemos acerca del Amor es que es la forma de energía más básica en el universo.*

Sus científicos han dividido la energía en las partículas más pequeñas. Ellos han aprendido, entre otras características, cómo estas partículas interactúan atrayéndose y cómo aparecen y desaparecen. Todo lo que sus científicos están "descubriendo" es solo un nivel de esta energía llamada Amor. Uno puede trabajar con, aprender de y tener una experiencia directa con varios tipos de energía; sin embargo, la energía más universal es el Amor. Lo que ustedes han ido aprendiendo sobre el principio fundamental del Amor es básico para su vida. A medida que van aprendiendo sobre estas prácticas energéticas, *los fundamentos básicos del Amor son la Apreciación, la Compasión, el Perdón, la Bondad y la Gratitud.* Cada una de estas palabras representan diferentes aspectos energéticos del Amor. Te mostraremos más acerca de estos principios como formas de energía que transforman la realidad.

Ve ahora y haz tu caminata matutina. Es bueno para conectarte.

Lo que comprendemos acerca del Amor es que es la forma de energía más básica en el universo.

Primer Comentario

La comunicación con los Tres sobre la naturaleza del Amor y la energía se desarrolló a través de realizar preguntas y ellos me "dictaban" las respuestas. Mi experiencia de contacto provino principalmente de forma escrita.

Algunas veces sin hacer una pregunta ellos se comunicaban directamente a mi mente. Los dictados venían en forma de escritura automática en el sentido que las palabras llegaban a mi mente antes que las pudiera escribir. Si tenía que detener la escritura por alguna razón, podía parar y comenzar el dictado y fácilmente comenzaba en el lugar donde había quedado. Generalmente yo me sorprendía del vocabulario y de la información que yo personalmente no tenía ningún conocimiento.

En una sesión, sentí curiosidad sobre su experiencia presente, la dimensión de donde provenían y la razón por la cual se comunicaban conmigo. Indague: "¿En qué dimensión se encuentran cuando nos comunicamos?"

> Estamos en la quinta dimensión. Vivimos en lo que ustedes llaman Lemuria; aprendimos a transformarnos para poder trasladarnos de una dimensión a otra, entre la tercera y la quinta dimensión. En realidad, estamos presentes tanto en tiempo y espacio como en la esfera de la luz, la cual es la quinta dimensión. Podemos movernos más allá de la quinta, pero para poder contactarnos contigo, asumimos la energía de la quinta dimensión. Todos tus guías también vienen de la quinta dimensión. Esta es la dimensión que podemos asumir para que tú nos puedas percibir.
>
> En Perú aparecimos como seres altos y elongados porque eso es lo que aquellos que tuvieron contacto con nosotros en la caverna vieron proyectado como nuestra forma. Tu maestro en Perú recibió la misma iniciación que tú. Hay otros de nuestra comunidad que también son maestros para él. Por ello él pudo confirmar tu experiencia con nosotros. En Perú, tuvimos la afinidad con la caverna de tiempo/espacio mucho antes de la cultura Inca. De hecho, ayudamos a realizar los "cortes" en la

piedra e instruimos a otros sobre cómo moverse a través de las dimensiones de tiempo. La pequeña piedra que tu maestro te entregó es una conexión a la energía de espacio/tiempo.

Apóyate en nosotros para aprender a moverte en el pasado, el presente y el futuro. Continúa experimentando para que puedas moverte más fácilmente más allá de este plano de experiencia tridimensional. Hemos ingresado a tu vida en este momento para enseñarte como viajar fuera del tiempo, tal como tú lo conoces. Práctica, ábrete a esta posibilidad y pide ayuda y guía.

Te hemos suministrado nuestros nombres individuales, pero realmente no son importantes. Los utilizaremos, aunque sencillamente somos los Tres. Hemos crecido juntos a través de miles de años. En realidad, no estamos separados. Al autodenominarnos los Tres, te damos una pista sobre el tiempo. Cada uno de nosotros encarna una dimensionalidad más allá de lo que tú conoces como pasado, presente o futuro. El tiempo no existe, solo existe en el sueño que tú llamas tu realidad. En algún momento tú también sabrás qué está más allá del tiempo y del espacio, pero al aprender a moverse por fuera del tiempo y mantener todo como un solo ente, experimentarás profundamente lo que denominas un despertar completo. Experimentarás que existe una vastedad donde todo está presente y todas las acciones ocurren simultáneamente. Estas son solo palabras, pero son palabras que te ayudan a experimentar la realidad de forma directa.

Segundo Comentario

Entre otras enseñanzas, las tres partes relacionadas con *Las Enseñanzas Energéticas de los Tres*: Los Cinco Pilares del Amor, Las Cinco Piedras Fundamentales para la Vida Diaria y los Desafíos para los Tiempos Finales me fueron entregados durante seis años. Los Tres enfatizaron que las prácticas provistas en cada sección deben ser ejercitadas diariamente para lograr una transformación de sanación y Amor en la vida de una persona.

- Las prácticas Los Cinco Pilares del Amor se enfocan en abrir y aumentar las frecuencias energéticas de nuestro corazón-mente para poder transformar la forma en que experimentamos el poder del Amor en nuestras vidas diarias.
- Las Cinco Piedras Fundamentales para la Vida Diaria son prácticas psicoespirituales para liberar los hilos que arman el tapiz o la estructura de nuestro ego-identidad de modo que podamos descubrir la verdad de nuestra vida.
- Las prácticas de los Desafíos para los Tiempos Finales son cómo una preparación para enfrentar los miedos e incertidumbres de nuestra vida, ya que la tierra y nuestra civilización mundial comienzan a colapsar. Estas prácticas nos enseñan cómo vivir con los demás en un contexto de comunidad a fin de sobrevivir y prosperar.

Creo que tanto la información y las prácticas de este material han sido desafiantes, inspiradores y profundamente estimulantes en mi vida personal. Estoy profundamente agradecido por estas enseñanzas y creo que a medida que se contempla la información y realiza las prácticas se siente la profunda experiencia de la presencia de los Tres dentro de uno.

En una comunicación, los Tres me dijeron que en la vastedad del universo solo existe "un ente" que ocurre. Por lo tanto, dijeron, "Tú y nosotros somos un solo ser. Todos somos haces de energía tomando formas para aprender y crecer. Recuerda, solo hay una energía y es el Amor".

Tú y nosotros somos un solo ser. Todos somos haces de energía tomando formas para aprender y crecer. Recuerda, solo hay una energía y es el Amor.

Los Cinco Pilares del Amor

Con los Cinco Pilares del Amor se exploran las energías, frecuencias y bases del Amor en nuestras vidas. Primero vamos a proporcionar algo de contexto sobre la energía del Amor. Hemos dicho en el pasado que el Amor es la fuerza fundamental *aglutinadora* del universo. El Amor es la fuerza universal que los seres experimentan directamente porque es el componente básico de la vida y toda la existencia.

> El Amor es la fuerza fundamental *aglutinadora* del universo.

Sabemos por experiencia y exploraciones que la Singularidad que llevó a una manifestación con forma es el Amor. Podríamos denominarla el dios creador, un principio, una fuerza primaria o Todo lo que es. Sin embargo, ni el término Amor como la Fuerza Principal o Todo lo que es expresan la fuerza de su verdadera naturaleza. También podemos describir el Amor como esencia, conciencia y la variedad. Pero las palabras y conceptos nunca podrán describir la realidad y conocimiento directo de la naturaleza del Amor.

Recuerda, el amor no es una emoción ni un sentimiento. Más bien, se describe mejor como una atracción, conexión, amalgamiento, conocimiento y presencia. Obviamente podemos seguir y seguir y describir el Amor de muchas formas diferentes en cuanto a lo qué es y no es. Los poetas y místicos de su mundo han intentado hallar las palabras y la belleza para describir la naturaleza inherente del Amor. En términos muy simples, *describiríamos el Amor como la energía fundamental que es todo. Decimos energía porque la energía representa el movimiento, la acción y la creación fundamental.* Presentamos esta discusión como contexto debido a la dificultad de describir el Amor en sí. Permítenos ahora hablar de sus componentes energéticos los cuales podrías llamar los "Cinco Pilares del Amor".

Con respecto a la frase los "Cinco Pilares del Amor", utilizamos la palabra *Pilares* ya que representa los cinco aspectos sobre el cual el descansa el Amor. Estos son cinco frecuencias de energía como lo hemos expresado. Esta frase es la mejor para algunas personas y otra similar—"Las Cinco Frecuencias del Amor"— será apropiada para otros. Simplemente hay que comprender que estas cinco son el fundamento práctico y energético de la experimentación y práctica del Amor en la vida.

Recuerda, el Amor no es una emoción ni un sentimiento. Más bien, se describe mejor como una atracción, conexión, amalgamiento, conocimiento y presencia.

Estos cinco pilares son las fuerzas energéticas que se abren y se conectan con el poder, la expresión, la creación y la manifestación del conocimiento y la experiencia directos de la naturaleza del Amor dentro de ti y de todos los seres. Estas cinco formas de energía con sus prácticas son lo que toda tradición espiritual enseña. Aquello que te presentamos es la forma de despertar tu matriz de energía que ha sido cubierta por la trama y urdimbre de la estructura mental, la cual te ha aislado y distanciado de tu verdadera naturaleza. Aunque te presentamos un contexto de información y perspectivas, el aspecto importante de cada pilar y enseñanza energética se encuentra en las prácticas. Tu disponibilidad y compromiso con la práctica de estas formas de energía es lo que te llevará a la quinta dimensión de luz, la cual es el Amor.

Nuestro propósito al proporcionar esta información y prácticas es ayudar a quien sea atraído por este material para guiarlo en el proceso de liberar el tapiz de sus pensamientos, recuerdos y emociones que lo atan a un sistema de realidad que cubre la verdadera existencia de lo que en realidad es. Las prácticas que forman la Medicina para el Corazón serán útiles para las personas de diferentes formas y en diferentes etapas de sus vidas en su desarrollo personal y espiritual. Cualquier práctica realizada con compromiso, intención y constancia abrirá las puertas del Amor y conducirá a la persona a un hogar en una dimensión de la realidad que está más allá de su actual percepción.

> **Aquello que te presentamos es la forma de despertar tu matriz de energía que ha sido cubierta por la trama y urdimbre de la estructura mental, la cual te ha aislado y distanciado de tu verdadera naturaleza.**

Comencemos pues con los Cinco Pilares del Amor, el primero es la Apreciación.

Apreciación

Primer Pilar

La apreciación como un componente de la energía del Amor está conectado a la percepción de la realidad. La Apreciación *cambia la distancia focal de la percepción*.

Apreciar es *ver* lo que realmente está presente para ti. La Apreciación te conecta con los demás. Mediante la Apreciación percibes a una persona, un animal, un árbol, un atardecer o cualquier cosa que te confronta en la vida con una cualidad diferente de ver. La Apreciación es ver más profundamente en esa persona o cosa.

Primero que todo, *la Apreciación cambia y carga el campo de tu propio patrón de energía*. **Este cambio te conecta directamente al Amor universal.** Entre más escoges ver el bien y la belleza y ser consciente de observar la esencia de lo que esa persona, situación o encuentro verdaderamente es, entonces más creas un campo mayor de energía, luz y conexión. Este campo de energía es un puente que crea un campo envolvente entre tú y el otro que "toca la campana" de una carga de energía positiva que cambia tanto tu campo energético como el de la otra persona.

Apreciar es ver lo que realmente está presente para ti. La apreciación te conecta directamente con el Amor universal.

Permítenos presentar algunos impactos de ese campo cargado:

1. El momento de energía de Apreciación mutua genera un campo que te abre a ti y a la otra persona a una frecuencia más alta llena de mayor conciencia.
2. En ese campo se encuentra el potencial de cambiar el punto focal de la realidad para percibir de nuevas y sorpresivas maneras.
3. En ese momento tú y la otra persona trascienden los estados de ego individual, las diferencias de personalidad y su mutuo egocentrismo.
4. Sientes y sabes que estás en un nivel diferente de consciencia en ese momento.
5. La carga de energía de la Apreciación activa el estado de sentimiento entre tú y la otra persona al cambiar el ánimo, la actitud y la consciencia como también al liberar creencias inconscientes.
6. En el momento de la Apreciación, tú percibes directamente sin juicios ni ideas preconcebidas.
7. En ese momento accedes a una energía que te permite penetrar la esencia de la realidad clara y directamente.

A nivel práctico, la Apreciación se enfoca en cualidades, características y capacidades. La Apreciación es un acto de percibir profundamente qué pueden hacer las personas, cuál es la apariencia de algo y cómo alguna cualidad es expresada por una persona o cosa. Puedes sentir gratitud por ello, pero básicamente la Apreciación está centrada en el otro, en la percepción. Es ver dentro del otro lo realmente presente, único, expresivo y expansivo. Aunque también puedes apreciar cualidades, características, y capacidades, etcétera, en ti mismo. La Gratitud proviene de haber experimentado la autoapreciación y todo lo que crea en ti. La autoapreciación es simplemente otro medio para sentir Amor por ti mismo.

El juicio es lo que te impide una Apreciación y penetración más profunda al percibir a los demás, el mundo y ti mismo. Cuando tu juzgas a las personas, animales, árboles, situaciones o cualquier cosa, cierras la distancia focal de la percepción. Ya no percibes ni sientes lo que es verdadero en el mundo. La distancia focal de tu percepción se vuelve corta, retraída hacia ti y tu nueva percepción potencial se desintegra debido a tu creencias, juicios, temores y condicionamientos.

> **El juicio es lo que te impide una apreciación y penetración más profunda al percibir a los demás, el mundo y ti mismo**

Práctica

La práctica de la Apreciación diariamente libera esta percepción intima de autoprotección de la pseudorealidad que limita tu gozo, tu libertad y la levedad de tu ser.

Cada día, busca personas y situaciones donde puedas expresar tu Apreciación. Esta práctica consiste simplemente en ver quién o qué son o qué están haciendo y reconocer lo que ves. Por ejemplo, ves un gato estirado en el alfeizar de una ventana y dices: "Te ves lindo en tu relajación". O, estás en el trabajo y observas a alguien trabajando tarde y le expresas tu Apreciación por el esfuerzo que está haciendo. Escuchas una linda pieza musical con un solo de cuerdas y haces una pausa para apreciar el talento de la persona que toca el violín.

A continuación, más sugerencias para ti:

1. Si ves un elemento que apreciar en una persona o situación, dilo en voz alta, no solo lo pienses.
2. Dile a una persona o cosa qué es lo que estás apreciando.
3. A medida que hablas, siente la energía del habla que sale de tu corazón. Toca tu corazón mientras hablas.
4. A medida que te conectas con otra persona hablando desde el corazón, sentirás una carga de energía creciendo entre tú y la otra persona. Si es apropiado, admite y dile a la persona sobre la sensación de energía que sientes hacia él/ella.
5. Si ves que estás enfocado en juzgar a alguien o algo, cambia el foco y busca algo que apreciar en la persona o situación que estás juzgando.
6. Aun si no hay un sentimiento fuerte de energía cuando hablas de tu Apreciación, se iniciará en ti un cambio de energía.
7. *Al interrumpir el ciclo de juzgamiento con Apreciación, generas una fuerte conciencia de construir y expandir tu energía en lugar de contraerla.*
8. Mantén la Apreciación latente durante el día. Entre más aprecies de forma consistente a través del día, acumularás más energía y se acrecentará la claridad de tu percepción.
9. Práctica esto por dos o tres semanas de forma consistente y descubrirás que tu percepción ha cambiado. Estás aterrizando este Pilar del Amor en tu vida como parte natural de quién eres.

Medita sobre esta práctica y se volverá más evidente para ti. Se consciente de que nosotros los Tres te apreciamos profundamente. Siente nuestra Apreciación llegando a ti. Recíbela ahora mismo de nosotros en tu cuerpo-mente-corazón. No hay espacio o tiempo desde donde originalmente hablamos estas palabras. Solo está el ahora, el presente mientras lees esto. Cuando uno aprecia a otro, como lo hacemos nosotros hacia ti, surge nueva energía en la persona que está siendo apreciada. Esto es verdadero no solo para los humanos, sino también para los animales, los árboles, los atardeceres, la música —todo— porque todas las cosas son conscientes.

Se bendecido en Apreciación.

Compasión

Segundo Pilar

Ahora veamos el Pilar del Amor llamado Compasión.

Al igual que la Apreciación cambia la distancia focal de la percepción, **la Compasión abre la consciencia a nivel de entendimiento.** Entender es estar en el mismo lugar donde tienes la misma y directa experiencia que el otro.

Cuando se descompone la palabra *compasión* tenemos que "*com*" significa "con" y *pasión* es "aquello que impulsa la energía y motivación de una persona". *A través de la Compasión, la persona deja ir a la autopercepción y se alinea y une con el movimiento, impulso, energía y experiencia del otro.* En este sentido la Compasión no es un sentimiento o una emoción. La Compasión es sentirse unificado con el campo energético del otro.

> La Compasión no es un sentimiento o una emoción.
> La Compasión es sentirse unificado con el campo
> energético del otro.

En la Compasión, uno se sintoniza con la frecuencia del otro. Entonces, cuando dices que sientes Compasión por otra persona, lo que *sientes* es la esencia fundamental de su condición energética. Este es el estado en el cual no tienes simpatía, preocupación o afecto por esa persona. *Simpatía, preocupación* y *afecto* son palabras que crean separación entre personas. Tendrás *sentimientos* energéticos, pero los sentimientos solo están coincidiendo con el sentimiento energético de la otra persona. La diferencia es que a medida que respondes en Compasión a otra persona tendrás conciencia del contexto mayor de la condición energética de esa persona. Mientras tú, junto con el otro se alinean con la frecuencia superior, ambos transforman la condición de calidad y estado de la experiencia del otro.

Sencillamente, tener Compasión por otro —persona, animal, país, árbol, etc.— es mantener un contexto en donde la frecuencia energética superior del Amor "cobija" y sostiene a ambos. Es estar con la otra persona en la misma frecuencia mientras se mantiene para los dos la frecuencia superior de lo que es la esencia de la realidad, la cual es el Amor, sin separación, juicio o sentido de una diferencia fundamental entre el uno y el otro.

Estar en la misma frecuencia energética *superior* con el otro es solidarizarse con su verdadera naturaleza *y* en tu propia verdadera naturaleza.

Sencillamente, tener Compasión por otro —persona, animal, país, árbol, etc. — es mantener un contexto en donde la frecuencia energética superior del Amor "cobija" y sostiene a ambos. Compasión

Cuando se está juntos en la única verdadera naturaleza, ambos experimentan una frecuencia alineada la cual es superior, más grande y fuerte que cualquier condición, circunstancia o entorno que ambos enfrentan en un tiempo y espacio particular.

El Dalai Lama, quien es considerado la encarnación de la Compasión, mantiene por su pueblo una frecuencia superior que le permite soportar el dolor, el sufrimiento y la destructividad del Tíbet sin separarse de los chinos. Comprende y experimenta la frecuencia de los chinos, igual que la de su propio pueblo. Su papel al mostrar Compasión no es solo mantener la frecuencia de dolor y sufrimiento, sino estar en una frecuencia de nivel superior tanto para el pueblo tibetano como para el pueblo chino al mismo tiempo.

La práctica de la Compasión es la reina de los cinco pilares del Amor. Es la transformación de la calidad profunda de la madre que respeta y entiende a todos sus hijos y no se contiene de sus cuidados y acciones para redimir, salvar y proteger a todos los seres con su frecuencia de energía suprema de Amor.

Para profundizar en tu Compasión, cambia de forma gradual tu comprensión perceptual de tu propio dolor y sufrimiento.

Práctica

Para profundizar en tu Compasión, cambia de forma gradual tu comprensión perceptual de tu propio dolor y sufrimiento. ¡Para que tu Compasión crezca, debes saber que estás conectado a la fuente de Todo lo que es, quien te sostiene, cuida y protege!

Primer Paso

1. La primera práctica consiste en aceptar la frecuencia, el sentimiento energético de tu propio dolor y sufrimiento.
2. *Literalmente nombra tu sufrimiento y dolor, entiéndelo y desplaza tu conciencia y enfócate con la frecuencia de tu corazón y lleva los problemas y experiencias específicos que crean tu dolor y sufrimiento a ese lugar del corazón.*

3. A medida que recoges estas condiciones en tu corazón, acoge un sentimiento cálido, pulsante, eléctrico o cualquier otra sensación de aumento de energía, luego mueve esta energía a tu corona. Siente la sensación de energía aumentando, tal como lo sentiste en el corazón.

4. Luego permite que esta energía salga de la parte superior de tu cabeza y experimenta la expansión de tu ser, del Amor que realmente eres.

5. *En este espacio expandido permítete ver, sentir y experimentar como tu dolor y sufrimiento se disuelven en esta mayor frecuencia de expansión.*

6. Pueda que tengas que realizar esta práctica una y otra vez a medida que nuevos dolores y sufrimiento surgen desde tu consciencia.

7. Lo que podrás notar a medida que prácticas autocompasión es que naturalmente te sientes sintonizado con esta vibración y frecuencia superiores del Amor la mayor parte del tiempo.

Segundo Paso

Luego que has trabajado en tu autocompasión, cambia tu atención hacia otras personas y seres en tu vida.

1. Con otra persona, la práctica consiste primero en conectar con la frecuencia superior que conoces de la frecuencia expandida que has practicado para ti mismo y conectarte mentalmente con tus sentimientos de tu corazón-mente con la otra persona.

2. Permite que esta frecuencia se conecte, comprenda y acoja la frecuencia de la otra persona.

3. A medida que prácticas esta extensión de frecuencia compasiva con otros, será similar a como has trabajado en tu propia autocompasión. Al extenderte hacia otros de esta

forma, verás que es más fácil conectarse con su frecuencia de que inicialmente creíste. *Se trata de desenfocarte en ti mismo para enfocarte en hacer coincidir tu frecuencia con la de otra persona y luego expandir esa frecuencia a una mayor, superior y más expansiva que los acoge a los dos.* En este momento experimentarás una conexión verdadera y profunda de Amor con otra persona que no juzga lo que ella o tú experimentan.

4. Ves y reconoces en el otro lo que has visto y reconoces en ti mismo. Y ves que cualquier que sea el dolor o sufrimiento del otro, puede ser curado.

5. Comienza practicando con animales, árboles, familiares y amigos cercanos.

6. Todo lo que debes hacer es preguntar en tu interior si puedes conectar con ellos. Simplemente, extendiéndote hacia ellos comprendes desde su punto de referencia. Esto te cambia a ti y tu frecuencia y abre la conexión del entendimiento de a quién y qué experimentan.

7. Luego ambas personas se expanden juntas a una frecuencia superior que conlleva cuidado, confort y una sensación de su verdadera naturaleza como ser.

8. Si hay algo concreto y práctico que deba hacerse por esa otra persona como parte del acto de Compasión, no será realizado con condescendencia, sino con una equidad de Amor mutuo. **Esto se denomina Amor en acción.**

Se bendecido en tu conexión, entendimiento y Compasión por todos los seres.

Perdón

Tercer Pilar

Procedamos ahora con el siguiente Pilar del Amor. Cambiemos a ese aspecto energético del Amor conocido como Perdón.

El Perdón es una de las características poderosas de la sanación y la transformación para el individuo y se utiliza en muchas situaciones grupales. No obstante, su poder y energía sanadora recaen en su uso por parte del individuo.

Tal como la Apreciación tiene que ver con la percepción (ver) y la Compasión proporciona un lugar para el entendimiento, el *Perdón es una liberación de energía.*

Tu ego teje un patrón de contención de energía dentro y alrededor de ti. Este patrón de contención conecta pensamientos, experiencias, actitudes, comportamientos y más que todo, proyecciones emocionales tanto de ti para ti mismo, como hacia ti de parte de los demás. Este patrón de tejido de corazón-mente se distorsiona por cómo estas proyecciones se fijan en la estructura energética del cuerpo, en las emociones y en la mente. Es esta estructura tejida que llamamos o mejor que tú llamas la identidad del ego. Tú no eres nada más y nada menos que este patrón tejido de proyecciones internas y externas. De verdad no son reales, pero tú y todos los humanos viven y actúan como si fueran reales.

> **Tu ego teje un patrón de contención de energía dentro y alrededor de ti. Este patrón de contención conecta pensamientos, experiencias, actitudes, comportamientos y más que todo, proyecciones emocionales tanto de ti para ti mismo, como hacia ti de parte de los demás. Tú no eres nada más y nada menos que este patrón tejido de proyecciones internas y externas.**

El Perdón es la energía que libera las estructuras que conectan estas proyecciones que han sido tejidas por la identidad de tu ego que tú llamas tú mismo. Toda tu vergüenza, culpabilidad, temor y rabia son el tapiz de tu experiencia diaria de existencia.

La forma en que el Perdón libera las conexiones de las proyecciones es liberando la energía dentro del proceso mismo de la conexión. Las proyecciones de tu parte o hacia ti son formas de energía que se disipan naturalmente si no se mantienen conectadas por la mente-corazón. **Existe un impulso que mantiene estas proyecciones que siguen entretejiéndose en el tejido único que tú llamas tu identidad.**

Si tú comienzas a liberar estas proyecciones, literalmente permitiendo que la energía de estas proyecciones se disipe y se traslade nuevamente hacia el vasto flujo de energía de la existencia, tu estructura del ego comienza a disiparse y a evaporarse. Esto es lo que sucede con la muerte del cuerpo. La mente-corazón está intentando disolver todas las proyecciones o deshacer el tapiz de la identidad del ego que ha sido creado durante toda una vida.

Ahora, lo que es importante entender es que el Perdón es simplemente otro tipo de proyección que puede penetrar el

tapiz-ego de proyecciones tejidas. *El Perdón es una proyección. Es un pensamiento o forma de energía con una frecuencia superior de energía que actúa como un haz de laser que derrite y disuelve las proyecciones conectadoras de vergüenza, culpabilidad, temor, rabia y toda negatividad interior.*

Es importante recordar que nuestras proyecciones negativas hacia los demás (en forma de juicios, autojustificaciones, de sentirse superior, como también de ira, resentimiento, dolor y abuso de los demás) están todas tejidas dentro del tapiz de tu propia identidad. Tanto nuestras "heridas" propias como el "sufrimiento" causado por los demás son proyecciones energéticas que el Perdón puede disolver.

Para que una proyección de energía disuelva las proyecciones positivas y negativas de tu identidad, debes reformular una diferente relación a tu corazón-mente. Utilizamos el término corazón-mente porque, al igual que para los budistas y otras tradiciones, sugiere que la energía del Perdón proviene de una práctica que libera la energía combinada de sentimiento y pensamiento o sea corazón y mente.

Todas las proyecciones negativas provienen de sentimientos y pensamientos. Por ejemplo, los sentimientos y pensamientos se vuelven realidad al expresar tu ira y juicios o por tu vergüenza y racionalizaciones.

Sin embargo, el Perdón eleva la frecuencia del sentimiento y el pensamiento a una frecuencia muy superior. A través de ese proceso, el Perdón se convierte en un tipo de láser en su capacidad de proyectarse a una situación de sentimiento y pensamiento. Esta energía de frecuencia superior, tipo láser, no es tan complicada como parecería. El acto simple de proyectar Perdón te enseña su poder y su don.

Lo que conecta a una frecuencia superior de sentimiento con el pensamiento es la intención. Nótese que decimos sentimiento en lugar que emoción. Las emociones son el resultado de y respuesta a proyecciones de sentimientos positivos y negativos. Entre más "satures" las proyecciones, por ejemplo, con emociones continuas de autoconmiseración, añoranza y autojustificación, más conectas y fijas las proyecciones de sentimiento en la identidad de tu ego de victimización. Uno puede proyectar al opuesto como el victorioso, el ser superior, un omnisapiente o hasta iluminado, lo cual también conecta y fija los sentimientos e identidad de uno mismo. Sucede lo mismo con los pensamientos. A medida que te enfocas en un patrón de pensamiento de forma continua, ese patrón de pensamiento se teje en el tapiz de tu identidad. *Es el pensamiento el que fija creencias y acciones en un patrón y justificación para tu comportamiento "normal".*

Todas las proyecciones negativas provienen de sentimientos y pensamientos. Sin embargo, el perdón eleva la frecuencia del sentimiento y el pensamiento a una frecuencia muy superior

Práctica

Entonces, la práctica del Perdón es relativamente simple. Existen muchas técnicas y métodos que las personas sugieren como medio para activar la frecuencia superior del sentimiento-pensamiento del Perdón. El enfoque de esta práctica consiste en disolver las proyecciones mantenidas profundamente que conectan y mantienen unida la identidad de tu ego para soltarte a un estado de libertad.

1. Primero debes tener en el centro de este proceso de Perdón la intención de enfocar el sentimiento-pensamiento en la aceptación y liberar cualquier temor, depresión, dolor, rechazo, dolor, vergüenza, rabia, acción, reacción y/o fracaso

que tengas para ti o para otros. La intención de esta aceptación y liberación se realiza en un estado de profundo relajamiento en tu cuerpo.

2. Tómate un tiempo para llevar la respiración a las partes de tu cuerpo, solicitando a tu cuerpo aceptar, relajarse, abrirse y liberarse. La relajación es el principio del Perdón como una proyección de mayor frecuencia que naturalmente disuelve tus patrones de pensamiento-relajación al penetrar la identidad de tu ego.

3. A medida que la relajación se profundiza, la energía de la luz emerge naturalmente dentro de ti y podrás sentirla como una sensación de suave vibración en tus manos y otras partes de tu cuerpo. Las sensaciones también pueden ocurrir como calor que comienza a aumentar a través de tu cuerpo o simplemente como una calma y sosegamiento que se establece en ti. No importa la forma como percibas esa luz, sabrás que es como una elevación de tu cuerpo, pensamientos y sentimientos a un lugar más profundo del *conocimiento* dentro de ti. A medida que respiras y te relajas, sintonízate con esta luz que emerge. Lleva esa luz a tu corazón y siente su calor, pulsación y sensación de vibración. Permite que tu corazón se nutra de esa luz sanadora.

4. A medida que sientes el calor y la relajación, ten conciencia de las sensaciones de luz moviéndose desde el centro de tu corazón hacia arriba por tu cuerpo y saliendo por la parte superior de tu cabeza.

5. Concéntrate en el chakra de la corona. La energía del corazón-mente se fusiona naturalmente con la energía de luz de frecuencia superior que siempre está presente y esperando esta ruta de conexión. Este surgimiento de energía de frecuencia superior comienza a desatar las conexiones de proyección que mantienen el patrón de la identidad de tu ego unido.

6. Esta fusión de esta energía permite que la energía de luz se expanda a todo tu alrededor. A medida que ello ocurre, tus pensamientos y sentimientos se calmarán y una conciencia de paz, tranquilidad y mayor conciencia emergerá. En la medida que aceptas esta conciencia, observa la diferencia en tu estado de sentimiento-pensamiento.

7. No sabrás qué perdonar conscientemente porque cuando ingresas en esta clara proyección de Perdón de corazón-mente o sentimiento-pensamiento, la energía del Amor está haciendo su labor. Confía en que esta energía de alta frecuencia disolverá lo que se necesita en este momento del tiempo.

8. En esencia, cuando trabajas intencionadamente con el Perdón, estás disolviendo el tapiz tejido de la identidad de tu ego.

Nos gustaría dar una advertencia. Aquellos que ingresan a esta alta frecuencia, pueden, si tienen la intención, romper el tapiz del ego con demasiada fortaleza. Este "rompimiento" puede quebrar el ego demasiado rápido y la persona puede sentirse sobrecogido y perdido. Sin embargo, si permaneces con la energía de luz en tu corazón, esta sensación de sobrecogimiento y pérdida hallarás un gran desfogue y libertad y un nuevo equilibrio de tu corazón-mente. Recuerda que debes confiar a medida que sintonizas esta frecuencia energética de Perdón de corazón-mente y disolverás el tapiz de tus proyecciones de ego a tu propio ritmo y tiempo. Esto te permitirá un despertar natural. Así que se gentil y amoroso contigo mismo, pero ten la seguridad que la fuente de energía te guía.

Hagamos un resumen de estos pasos:

1. Concéntrate en tu intención de liberar proyecciones.
2. Respira llevando relajación, aceptación y receptividad a tu cuerpo.

3. Mientras respiras, sintonízate con la energía y la luz que surge de dentro de ti.
4. Ten consciencia de la luz moviéndose desde tu corazón y saliendo por tu corona.
5. En la corona, la luz se fusiona con la energía de frecuencia superior. De esta manera, disuelve tus proyecciones.
6. Permite que este fusionamiento se expanda tanto como puedas desde tu interior.
7. Observa la paz llegando a lo profundo de tu ser a medida que la energía de luz se expande a tu alrededor.
8. Confía en que esa energía de Amor (el Perdón) está disolviendo naturalmente los aspectos particulares del tapiz tejido de proyecciones.

Conocerás y experimentarás la disolución completa del tapiz de tu ego en la forma y el momento que te lleve al Perdón y el despertar completos.

Bondad

Cuarto Pilar

En la sociedad en general, la Bondad es la práctica de ser considerado y cálido contigo mismo y con los demás. La Bondad es percibir y cuidar de las necesidades propias como también las necesidades de los demás. La Bondad es una actitud de aceptación con la que, sin importar la circunstancia o condición, respondes sin juzgamiento o posición de superioridad.

Estas son las características comunes que aplicarías a la Bondad. Sin embargo, a nivel energético, la Bondad como aspecto del Amor *es una energía que abre la calidad de la introspección.* Cuando experimentas u observas la energía de la Bondad de un ser con otro, hay una chispa de reconocimiento de que no hay diferencia entre tú y los demás. Lo mismo sucede cuando alguien te ofrece Bondad —reconoces que no hay diferencias entre los dos.

> A nivel energético, la Bondad como aspecto del *Amor es una energía que abre la calidad de la introspección.*

Ser bondadoso es abrir tu campo de energía para percibir necesidades o simplemente abrirse a otros por benevolencia y preocupación por los demás. *La Bondad es una energía que siempre está atenta, buscando formas de actuar para que la energía del corazón se pueda expandir más y conectarse mutuamente con todos los seres del mundo de esta existencia.*

El ser bondadoso contigo mismo, con otros seres humanos, animales, árboles, aves y más, como también a objetos fabricados tales como herramientas, autos, casas, etcétera, aumenta la conexión energética dentro de la red de la existencia. La Bondad te mueve a una conexión de corazón y te incorpora en el misterio de la unidad.

La Bondad te mueve a una conexión de corazón y te incorpora en el misterio de la unidad.

Entonces, la energía de la Bondad es la llave para continuar expandiendo y abriendo esa energía, la cual es tu cimentación para experimentar la realidad verdadera.

El Dalai Lama dice que la religión es Bondad. Él sabe por conocimiento interno que la *Bondad es la acción externa que cambia patrones y abre una nueva consciencia.* Es la Bondad la que te lleva al corazón del poder del Amor, la sanación, el conocimiento, la creatividad y la revelación.

La energía de la Bondad es transformadora no solo para ti al expresarla sino también para aquellos que la reciben.

La Bondad genera energía y crea una frecuencia de vibración superior. Esta frecuencia se mueve rápidamente hacia el espectro de luz. ¡En la Bondad, todo se ilumina!

La Bondad genera energía y crea una frecuencia de vibración superior. Esta frecuencia se mueve rápidamente hacia el espectro de luz. ¡En la Bondad, todo se ilumina!

> La Bondad gana introspección naturalmente a medida que te sintonizas con la frecuencia de los chakras de la frente y corona.

Hay gentileza como parte de la Bondad. La Bondad no puede realmente ser impulsada por el ego. Hay muchas experiencias en todas las religiones y tradiciones espirituales de tu civilización sobre la naturaleza verdadera de la Bondad. La historia del hombre rico que proclama al mundo la gran cantidad que entrega a los pobres contrasta con la historia de la mujer que comparte por Amor el poco de comida que tiene con los niños hambrientos de su vecindario. Estas historias reflejan que la *Bondad no es de acciones, sino de intenciones.* **La acción de Bondad no tiene que ver con lo que se hace, sino con la frecuencia del corazón que motiva la acción.**

Esta acción de Bondad verdadera se inicia desde la introspección. "Ah, veo lo que aquí se necesita. Veo que eso es lo que puedo hacer en este momento por el otro".

Práctica

A tu alrededor existen posibilidades de expresar Bondad. La Bondad verdadera requiere una percepción energética más profunda. La Bondad gana introspección naturalmente a medida que te sintonizas con la frecuencia de los chakras de la frente y corona.

En meditación, sea caminando o sentado tranquilamente, *concentra tu atención en los chakras de la frente y la corona simultáneamente. Mantén la atención hasta que sientas una sensación de calor, zumbido, pulsación o cualquier sensación que comienza a cambiar tu consciencia.* Mueve esta energía de consciencia hacia abajo a tu corazón y siente su expansión dentro de ti. Mantén la consciencia de que esta expansión de energía de corazón es Bondad hacia ti mismo.

1. Después de la práctica de la meditación, intenta mantener la consciencia doble de estos puntos simultáneamente (frente y corona) a medida que pasa el día.
2. Al principio, necesitarás ser consciente de estos puntos. Con el tiempo, serán tu radar natural para expresar Bondad. Comenzarás a ver a las personas y situaciones de una nueva forma y proporcionarás acciones apropiadas de Bondad.
3. Cuando esta nueva visión se abre en ti, se gentil y paciente contigo mismo. Nota qué sería apropiado hacer en el momento o en un momento ideal.
4. *Lleva esa energía de ver desde el corazón y pregúntate si debes actuar o no en respuesta a lo que observas.* Si vas a actuar, pregúntate: "Qué se debe hacer aquí, no de mi parte, sino de parte de la energía del Amor que fluye a través de mí."
5. Con consciencia y práctica verás una situación y sabrás cual será la acción apropiada. Lo sabrás porque, al estar sintonizado con la frente y corona y llevando esa energía a tu corazón, canalizarás la energía del Amor en un acto de Bondad.
6. Entre más mantengas estos dos puntos y los lleves al corazón, más naturalmente vivirás en el aura de la Bondad para ti y los demás.
7. Ver dentro de una persona, animal, situación u objeto, es ver cuál y de qué manera es la respuesta apropiada.
8. *La Bondad es siempre apropiada para la introspección, para ver en el interior del centro de aquello para lo que la Bondad puede servir.*

Práctica, entonces, esta frecuencia de Bondad. Llevará afecto y bienestar a ti mismo y a todos los seres que estén en contacto contigo.

Gratitud

Quinto Pilar

Ahora la energía y pilar de la Gratitud!

Guardamos la Gratitud para el final ya que es sobre la que flota el Amor. Utilizamos el verbo *flotar*, porque la energía de Gratitud es un lugar de descanso para el Amor en tu corazón. Flota ahí porque la Gratitud es fluida y se mueve rápida y fácilmente a cualquier persona o situación.

> Guardamos la Gratitud para el final ya que es sobre la que flota el Amor. Utilizamos el verbo flotar, porque la energía de Gratitud es un lugar de descanso para el Amor en tu corazón. Flota ahí porque la Gratitud es fluida y se mueve rápida y fácilmente a cualquier persona o situación.

La Gratitud todo lo abarca. La Gratitud moldea tu vida para estar a ritmo y en armonía con todas las experiencias de la vida. Lo que hace la Gratitud es alivianar a cada persona y evento que encuentres. Con Gratitud, la paciencia está naturalmente presente. La Gratitud revela regalos en todo. La alegría, la felicidad y la paz son las experiencias básicas y naturales cuando observas tu vida a través de lente de la Gratitud.

La energía de Gratitud está en una frecuencia muy lenta. La Gratitud te ralentiza a ver, sentir y experimentar la profundidad, claridad y comprensión de cualquier persona, evento o experiencia. Lo que puede parecer negativo cuando se observa a través del lente de la Gratitud es una enseñanza, un regalo y un medio para surgir de la ilusión de la existencia.

La Gratitud te abre a experimentar la realidad como realmente es, no como puede aparecer, en este respecto la Gratitud es *magia*. La Gratitud penetra la ilusión y la rompe porque es la única que es verdad, es el Amor que mantiene todo junto, tanto lo positivo como lo negativo, la luz y la oscuridad, lo masculino y lo femenino, el cielo y la tierra. El Amor, literalmente, mantiene a todos los opuestos de esta fuerza ilusoria. Cuando vives en un constante estado de Gratitud estás completamente despierto a la luz de quién eres realmente y no existen opuestos.

La Gratitud es la joya que todo ser a todo nivel de existencia llega finalmente a experimentar como el ingreso a todos los mundos, dimensiones y planos de existencia y del ser. Es la lección que nosotros los Tres continuamos aprendiendo y profundizando dentro del plano que estamos experimentando. Sabemos que la Gratitud es la puerta de ingreso al corazón de la existencia del Amor.

Cuando vives en un constante estado de Gratitud está completamente despierto a la luz de quién eres realmente y no existen opuestos.

Sabemos que la Gratitud es la puerta de ingreso al corazón de la existencia del Amor.

Práctica

A continuación, una práctica simple que mantiene la Gratitud en el frente de consciencia en tu vida.

1. Primero, escribe un listado de todas las cosas por las que tiene Gratitud y todas las cosas por las que no tienes Gratitud. El hacer esta lista de ingratitud agudiza tu consciencia de a qué te resistes a estar agradecido y aquellas experiencias por la cuales no sientes Gratitud. Sigue agregando a tu listado por varios días tanto las cosas positivas como las negativas. A medida que enumeras las grandes y pequeñas cosas, te sorprenderás de lo que percibes.
2. Esta parte de la práctica comienza a ralentizar tu consciencia y agudiza tu observación y perspectiva.
3. Al mismo tiempo que escribes los dos listados, así observes la Gratitud positiva o aquello por lo que no estás agradecido, simplemente di a ti mismo, *Gracias a ambos. Se neutral a ambos.* Después de unos pocos días de decir "Gracias", agrega a este "Gracias" la consciencia de tu corazón. Simplemente, cuando dices "Gracias", toca el área de tu corazón en la mitad del pecho.
4. Luego de algunos otros días de decir "Gracias" y tocar tu corazón, agrega un sentimiento de calidez de energía vibratoria mientras das las gracias y tocas tu corazón. *Las palabras, el sentir físico y el sentimiento comenzarán a abrir cada vez más el portal del Amor para ti.*
5. Después de unos días de práctica, literalmente verás y sentirás la luz tanto en lo positivo como en las cosas negativas que enumeraste.

Volvamos a repetir la secuencia:

1. Haz dos listados de cosas positivas y negativas por las cuales estás agradecido y desagradecido y sigue agregando a estos listados.
2. Por unos días, di la palabra "Gracias" tanto para las personas, situaciones y eventos positivos y negativos que experimentes.
3. Luego de unos días, toca el área de tu corazón cuando dices "Gracias" tanto para los eventos positivos como para los negativos.
4. Luego de otros días más de dar "Gracias" y tocar el área de tu corazón, percibe una sensación de calidez en tu corazón cuando lo tocas y dices gracias.
5. Sigue haciendo esta práctica hasta que comienzas a sentir y ver la luz en todas las cosas a través del lente de la Gratitud.

Ahora vamos a proporcionar otras prácticas para desarrollar la Gratitud como una función natural de tu vida. Estas prácticas te ayudarán a abrir el portal de Gratitud dentro de ti.

1. Haz un listado de las cosas, personas, eventos, situaciones y experiencias que te han apoyado, inspirado y motivado en los últimos tres a cinco años. A medida que escribes y revisas el listado, siente en el centro del corazón Gratitud por cada uno de sus elementos.
2. Cuando salgas a caminar, nombra y reconoce árboles, nubes, animales, flores, personas y todo lo que ves. A medida que los nombras, siente Gratitud en tu corazón mientras colocas tu mano sobre el área de tu corazón. Agradece a cada entidad por su existencia y por estar ahí para ti. Recuerda, todo está vivo y consciente. Todo está animado con ser y consciencia.
3. En cada alimento, agradece por la comida y a todas las personas que nutren tu cuerpo para permanecer vivo.

4. Haz una lista de las personas claves positivas y negativas en tu vida. Agradece a ambos por ser tus maestros.
5. Enumera familiares y amigos clave y todos los días siente Gratitud de que sean parte de tu vida.
6. Da gracias diariamente cuando veas expresiones de los cuatro elementos de la naturaleza y los espíritus que los encarnan:
   - Agua: lluvia, agua del grifo, estanque, arroyo, río, lago, océano
   - Tierra: piedras, polvo, la tierra sobre la que caminas, montañas, desierto, selva
   - Fuego: llamas, combustión de leña, el sol, velas
   - Aire: el viento, la brisa, los olores, el aire en tus pulmones

> Si solo hubiese una práctica que hacer, dar gracias por todo sería el portal del despertar.

Finalmente, digamos que la naturaleza de la Gratitud es más que un concepto. Es uno de los principios universales que comienza y amplía la consciencia en una persona. Es lo que abre a una persona hacia la total realización. *Si solo hubiese una práctica que hacer, dar gracias por todo sería el portal del despertar.*

San Francisco de Asís hizo de todo en su vida una oración de Gratitud. Las aves, los animales, las flores, los insectos, los niños, todos eran atraídos hacía él por qué percibían la visión clara que él tenía de ellos a través de los ojos de la Gratitud. Tú también, realiza la práctica de la Gratitud tanto como puedas para descubrir su verdadero poder y transformación en tu vida.

Cada vez que comiences a juzgar o criticar o a sentir que te estás separando de los demás, de los árboles, animales o cualquier cosa, detén tu mente y se agradecido por ella. Simplemente di a ti mismo, o mejor en voz alta: *"**Estoy agradecido por mi*** *vida. Estoy agradecido porque puedo ver o experimentar esto ahora".* Cualquier frase como esta con la que reconozcas tu Gratitud cambiará tu percepción y luego tus sentimientos. Así es como funciona la Gratitud para transformar tu vida.

Esperamos que esto te proporcione otra parte de tu práctica de Gratitud.

¿Cómo la Gratitud transforma la realidad?

Primero considera la naturaleza de la Gratitud en sí misma. La Gratitud es una energía que altera como uno percibe el mundo. Considera lo opuesto a la Gratitud, es decir, el menosprecio básico y la falta de agradecimiento de lo que se te ha dado, expresado para ti o recibido por ti en tu vida. Cuando no tienes Gratitud, contraes tus sentidos, sentimientos y percepción en un enfoque angosto egocéntrico. El flujo y magia de la existencia se cierra para ti. Por otro lado, con Gratitud, tu consciencia, percepción y sensación del cuerpo se expanden. *La Gratitud aumenta la vibración y energía del centro del corazón y aumenta la pulsación del sistema nervioso a medida que las neuronas disparan nuevos patrones que generan goce, alegría, libertad y gozo interior.*

La Gratitud cataliza el campo de energía en una persona irradiando una frecuencia superior de fotones de luz dentro del cuerpo. Entre más Gratitud hay dentro de ti, mayor la iluminación en tu mente. El inútil parloteo mental se desvanece y la claridad de percepción florece. Entre más te enfoques en la Gratitud, más se rinde tu mente condicionada y su enfoque de banda angosta. La consciencia se expande mientras la Gratitud aumenta en ti. Naturalmente hay una nueva vitalidad energética y coherencia entre la mente y el corazón. El resultado natural de esa coherencia de corazón-mente es gozo, Bondad, consideración y un respecto profundo por ti mismo y los demás.

Debido a esta coherencia de corazón-mente es que la Gratitud es una transformación de la realidad para ti. Entre el Perdón, la Apreciación, la Bondad y la Compasión, la **Gratitud es el trasformador clave de la percepción de la realidad.** Todo lo que sientes, ves y entiendes se convierte en belleza, claridad y una realidad más holística e integrada, la cual continúa creciendo y expandiéndose en cada área de tu vida.

Esperamos que esta corta explicación te proporcione algún entendimiento de este conocimiento intuitivo que tienes del poder de la Gratitud. Puedes sentir cómo eleva la vibración de tu corazón. Continúa profundizando tus prácticas de Gratitud a través de todos los aspectos de tu vida.

Que la paz, la alegría y sabiduría de la Gratitud continúen transformándote.

Implicaciones de la Práctica de los Cinco Pilares

Estos cinco pilares de la presencia del Amor en tu vida se convertirán en tu base y generarán y establecerán una nueva frecuencia de evolución para que el Amor se convierta en tu realidad.

Practica y continúa en este estado de sentimiento, este estado de Gratitud desde el corazón. Recuerda que todo en tu vida es una forma de bendición y aumenta la consciencia profunda de tu conexión con este vasto principio del Amor. *Recuerda que describimos el Amor como el principio universal que genera toda forma de energía, luz, consciencia y conocimiento.*

El Amor es la frecuencia más alta de la creatividad. El Amor es la base de todos los aspectos de la verdadera realidad. La realidad no es física. Es la experiencia multidimensional de una cosa que siempre ocurre. Ustedes llaman estas cosas luz, energía, Dios, la singularidad, la expresión múltiple de todo.

> La realidad no es física. Es la experiencia multidimensional de una cosa que siempre ocurre.

Sus científicos, que exploran los límites de esta vastedad, tienen contacto de esta experiencia y sienten y conocen en algún nivel de su ser que el Amor es lo que son. Sus mentes, sus corazones y su ser están inundados no solo de conocimiento sino con un conocimiento y consciencia infinita. Cuando hacen sus cálculos matemáticos, se ponen en contacto con un idioma libre de experiencias peyorativas y subjetivas. Los símbolos de las matemáticas los introduce en la mecánica y el entendimiento universal de la siguiente capa de la realidad más allá de su llamada realidad física. En su actual desarrollo evolutivo como civilización, la matemática los lleva a través de un patrón industrial y tecnológico que es en últimas destructivo a la especie humana, todas las especies no humanas y el planeta mismo. Los principios del Amor no estuvieron presentes para aterrizar este conocimiento.

Este planeta ha visto varios ciclos de desarrollo mental y espiritual. Cada ciclo ha enseñado a la especie ciertas cosas y ha traído la evolución de los humanos a un nivel diferente de civilización.

Nuestra civilización lemuriana fue destruida debido a que el poder y la energía fueron corrompidos por seres que habían desarrollado tanto habilidades físicas como psíquicas. El desarrollo del ego, como lo llaman hoy en día, fue distorsionado por la convicción de que conocían las leyes y principios del viaje interdimensional y los estaban utilizando para tener poder y dominio sobre los demás. Esa civilización estaba en el umbral de la transformación y pudo haberse convertido en miembro de la vasta experiencia de interconexión y movimiento hacia el descubrimiento de la transformación de tiempo y espacio. Debido a que los principios del Amor no estaban lo suficientemente fuertes, esa civilización se destruyó a sí misma.

De la misma forma que antes, hay individuos en su civilización que están cambiando y transformándose y aprendiendo a moverse fuera del tiempo y del espacio. Estos son y fueron los mismos individuos que estaban en nuestra civilización cuando experimentaron ese cambio. Nuevamente están en una encrucijada. ¿Encontrarán el equilibrio en los principios y realidad del Amor? Nosotros, los Tres representamos a muchos que descubrieron estas *leyes* matemáticas y de energías, pero también descubrimos y practicamos la energía del Amor. No juzgamos a estos individuos. Se necesitan muchas semillas antes que unas pocas plantas florezcan. El Amor siembra y siembra semillas y los principios y prácticas del Amor llevan al florecimiento.

Hay muchos en este momento que tienen este potencial de florecer. Hay muchos otros que están en la cúspide, el umbral de la transformación. Ustedes han evolucionado a través de muchas vidas para poder llegar a esta vida. Ahora están presentes por la posibilidad de transformación tanto para ustedes mismos como para ayudar a los demás. Ahora al final de tu tiempo en este planeta, la presión se está acumulando por una transformación, una transformación que en este punto está más allá de tu entendimiento.

Cada transformación requiere una alta intensidad de energía. Necesita tanto polaridad positiva como negativa. Es obvio para todos que esta tensión está sucediendo a nivel mundial. Entonces, tienes temor y Amor como las polaridades. Te hemos proporcionado los principios y prácticas energéticas de los Cinco Pilares de Amor para ayudarte a ti y a otros a aumentar esa tensión a través de la frecuencia del Amor. En la polaridad negativa, muchas otras fuerzas están aumentando el temor a través del odio, el sufrimiento, el control y la desinformación. *Estos son los cinco pilares del temor.* Lo que proporcionan los Cinco Pilares del Amor es un camino para aumentar la tensión positiva y sanar estos cinco pilares de temor.

> En la polaridad negativa, muchas otras fuerzas
> están aumentando el temor a través del odio,
> el sufrimiento, el control y la desinformación.
> Estos son los cinco pillares del temor.
>
> Los Cinco Pilares del Amor proporcionan un camino para aumentar la tensión positiva y sanar los cinco pilares de temor.

Te hallas en un gran misterio con una complejidad que ninguna persona o grupo puede controlar o entender. **No es fe, sino coraje el que mueve tu frecuencia diariamente hacia los cinco pilares del Amor.** Comparte las prácticas para que muchos más individuos puedan comenzar a comprender que el Amor es una fuerza que destruye la confusión, la incertidumbre, el desespero y la esclavitud hacia la propia identidad del ego. Cuando el tapiz que ha sido tejido en tu separación de las frecuencias superiores del Amor haya sido disuelto, entonces algo más allá de tu imaginación o experiencia surge en ti. Ese otro "algo" es una dimensión diferente del ser, es un ser en una frecuencia que llamamos *luz*. Sin embargo, no es luz como ustedes la conocen en su dimensión. El sistema energético de tu cuerpo-mente está diseñado para moverse hacia esta frecuencia superior de luz. A medida que tú te conviertes en esta energía de luz, ya no existe la experiencia de vivir en el tiempo y espacio. Estás en la cúspide de esta luz ahora y serás transformado a otra dimensión.

Traspasando el Umbral: Práctica de los Cinco Pilares del Amor

*L*as enseñanzas fundamentales sobre los Cinco Pilares del Amor son lo que queremos brindarte en este momento de tu vida y de tu civilización. Recuerda, son esencialmente prácticas que reajustan tu sistema de energía. Depende de ti y de aquellos con quienes compartes estos cinco pilares comprometerse y participar en las prácticas diariamente. Has probado cada uno de ellos un poco cuando te fueron presentados, pero ahora sé sistemático y aprende a experimentar lo que estas prácticas de frecuencia pueden crear en ti. *Lo más importante es disolver el tapiz de la estructura de tu ego. Los cinco pilares te ayudan a liberar este tapiz.*

Una vez más, el tapiz de tu ego es un tejido continuo de tus proyecciones sobre ti mismo, los demás y el mundo que te rodea. No ves la realidad tal como es porque el tapiz de proyecciones que has tejido y las proyecciones de los demás hacia ti crean un capullo de autoilusión. Crees que estas proyecciones de ti mismo y de los demás son reales y sustanciales.

¿Qué son estas proyecciones? Son las creencias, experiencias y entornos, como la familia, amigos, escuela, trabajo, medios de comunicación, que has interpretado como reales para ti.

Están unidas por el dolor, la confusión, la vergüenza, el anhelo, la duda y la incertidumbre, entre otras expresiones negativas. **Estas proyecciones negativas reducen la percepción directa de la existencia a proyecciones de uno mismo que refuerzan el sentido de creencias e identidad.** También existen experiencias positivas de amigos "imaginarios", animales amigables, el cariño de los padres y exploración con compañeros de juego. Has experimentado que el entorno que te rodeaba mientras crecías como niño era tanto amenazante como mágico. Tenías miedo y te maravillabas. Era tanto positivo como negativo.

Lo positivo o negativo de tus experiencias depende del karma pasado y de los entornos y elecciones actuales hechas por ti y otros. Ya sea positivo o negativo, las proyecciones de uno mismo y de los demás determinan el nivel de supervivencia que sentirás. *El miedo subyacente a la muerte o a la supervivencia en un mundo donde hay poco control impulsa las proyecciones y la interpretación de tu experiencia.* Se desarrollaron patrones en tu vida que crearon consistencia y fiabilidad de cómo podías moverte y sobrevivir en el mundo ante la posibilidad de tu muerte. A medida que crece el miedo en ti, también crecen las proyecciones. Te enclaustras en interpretaciones proyectadas sobre las personas, los entornos y sobre ti mismo. Sobrevivir se percibe como crear y formular una identidad del ego que presentas al mundo para tu supervivencia. *El miedo profundo que estás tratando de proteger es ese pequeño ser dentro de ti que es vulnerable y, al mismo tiempo, completamente abierto a la realidad tal como es. Los demás no ven a este ser vulnerable dentro de ti.* Los demás a tu alrededor construyeron una estructura del ego para protegerse del miedo que sentían y de su propia necesidad de sobrevivir. Así, confirmaron tu miedo proyectando su miedo sobre ti.

Este es el patrón de la evolución de la conciencia en este planeta: conciencia pura al nacer; luego una conciencia directa de la realidad que puede durar meses o incluso años; luego una ceguera por el miedo a través de proyecciones sobre uno mismo; y el desarrollo continuo de tejer el tapiz de una identidad del ego autoprotectora. Sin embargo, si vienes a esta encarnación con una cierta cantidad de potencial energético, así como con un potencial kármico, esto te coloca en un viaje de volver a despertar a la realización directa. Este es un viaje difícil para ti, es un proceso de disolver tu identidad y liberarte de tus propias proyecciones y de las proyecciones de los demás que han tejido tu capullo protector al que llamas "tú mismo". *Desenredar todos los hilos del tejido de tu ego es la tarea esencial de esta vida. En algún momento, la tela se desvanecerá y experimentarás la libertad.*

Cada paso para liberar el patrón de identidad aumenta la frecuencia energética y, en algún punto final, la realización de tu verdadera naturaleza como luz se abre en tu conciencia. Cuando esto sucede, nada ha cambiado realmente en ti o a tu alrededor, excepto que ahora percibes la realidad directamente. Esto no es magia; más bien, es el viaje natural que te permite abrirte al siguiente paso de tu evolución. Desde este siguiente paso, ahora percibes que eres Todo. No hay separación, no hay miedo y no hay ilusión.

Como ser humano, estás inundado de alegría, satisfacción y apertura, y los cinco pilares del Amor se han convertido simplemente en una frecuencia de energía que es la existencia misma. Te ves igual, te expresas de la misma manera y, aunque te muevas a través del tiempo y el espacio, no estás limitado por ello.

Este es el viaje que tú y tantos otros han estado siguiendo toda su vida en esta encarnación. Cuando cruzas el umbral que hemos descrito, ya no hay más prácticas que hacer; más bien, solo está el vivir y ser lo que está ocurriendo en cada momento. El cuerpo cambia, las emociones vienen y van, las interacciones con los demás suceden, el mundo atraviesa sus cambios y tú simplemente magnificas algún aspecto del Amor.

Cada uno de los cinco pilares del Amor y las otras prácticas energéticas que te damos te ayudarán a cruzar el umbral hacia una realidad diferente. La Apreciación, la Compasión, el Perdón, la Bondad y la Gratitud son los grandes regalos de esta existencia. A medida que practiques cada uno de ellos, descubrirás el verdadero secreto de la realidad y la esencia del Amor.

La apreciación, la Compasión, el Perdón, la Amabilidad y la Gratitud son los grandes dones de esta existencia. A medida que practiques cada uno de ellos, descubrirás el verdadero secreto de la realidad y la esencia del Amor.

¡Bienvenido a tu vida!

Las Cinco Piedras Fundamentales para la Vida Diaria

Los Tres te hemos proporcionado los Cinco Pilares del Amor con otras prácticas energéticas para enseñarte cómo desarrollar tus patrones de energía a frecuencias más elevadas y transformar fundamentalmente la naturaleza de tu conciencia. El trabajo con estos cinco pilares ayudará a liberar el tapiz tejido de tu identidad en respuesta a la proyección que hacen padres, maestros, amigos e instituciones, así como a la proyección de tus reacciones hacia afuera para crear tu propio mundo autoprotector. Por lo tanto, tu identidad es esta ilusión y una forma de realidad que has tejido con tu mente. Te parece real y controla tu vida y existencia hasta que mueras. Sin aprender a alcanzar una frecuencia de energía más alta, no podrás liberarte de esta autocreada ilusión de la realidad.

Todas las técnicas de despertar en todas las tradiciones dependen de cambiar el patrón de energía del individuo. Son para aprender a experimentar la energía a una frecuencia más alta y enraizar esa energía en un nuevo patrón en tu vida. Esta es la razón por la que te hemos dado la enseñanza energética basada en los Cinco Pilares del Amor. Recuerda, trabajar con estos ejercicios energéticos sirve para enseñarte a despertar a la esencia fundamental de la existencia y de tu existencia personal, que es el Amor. Los ejercicios de energía de cada pilar se centran en abrir, limpiar y profundizar la experiencia del corazón de un individuo. Como ejercicios de energía, los cinco pilares se centran esencialmente en el trabajo interno que necesitas hacer a diario para remodelar la configuración de tus patrones de energía mental, emocional, espiritual y física.

Las Cinco Piedras Fundamentales para la Vida Diaria proporcionan una función complementaria a los Cinco Pilares del Amor. Las cinco piedras fundamentales son el Amor Propio, la Humildad, la Autoaceptación, la Reflexión y la Liberación de Viejos Patrones. Estas cinco áreas fundamentales son de aprendizaje práctico para ti. Usamos la imagen de piedras porque representan la conexión con la tierra y están nutridas por un conocimiento y sabiduría más antiguos.

> Así como los cinco pilares trabajan a nivel energético, estas cinco piedras trabajan de manera psico-espiritual. Para llegar al pleno despertar en una vida en la configuración terrestre, un individuo debe lidiar con la naturaleza dual y complementaria de su existencia. El paradigma de aprendizaje de la experiencia terrestre consiste en liberar y resolver el miedo, la vergüenza, el autorrechazo, el autoengaño y la suficiencia que crean tu falsa identidad individual. Cuando liberas estos patrones negativos, la verdadera esencia de lo que eres se abre naturalmente como una flor. Esta esencia es tu Amor. Tu esencia es el Amor y todo lo que eres es Amor. Estas cinco piedras proporcionan una base diaria para llevarte a tu esencia.

Las cinco prácticas diarias son cinco piedras fundamentales que equilibran tu vida diaria. Estas cinco piedras son más psicológicas y pragmáticas y se enfocan en las prácticas para desentrañar los hilos del tapiz de tu identidad. *Así como los cinco pilares trabajan a nivel energético, estas cinco piedras trabajan de manera psico-espiritual. Para llegar al pleno despertar en una vida en la configuración terrestre, un individuo debe lidiar con la naturaleza dual y complementaria de su existencia. El paradigma de aprendizaje de la experiencia terrestre es liberar y resolver el miedo, la vergüenza, el autorrechazo, el autoengaño y la suficiencia que crean tu falsa identidad individual. Cuando liberas estos patrones negativos, la verdadera esencia de lo que eres se abre naturalmente como una flor. Esta esencia es tu Amor. Tu esencia es el Amor y todo lo que eres es Amor. Estas cinco piedras proporcionan una base diaria para llevarte a tu esencia.*

Estas piedras psico-espirituales encarnan prácticas para liberar el tapiz de tu identidad no solo en esta vida, sino también en muchas otras vidas pasadas y futuras. Estas vidas u otras formas de existencia tuyas han tenido lugar no solo en este planeta, sino también en muchas otras dimensiones. La inmensidad de tu viaje y existencia está más allá de tu marco mental y emocional en este momento. Reconoce que esta vida es un paso en este vasto viaje.

Los ejercicios de frecuencia energética trabajan en sintonizar tu ser esencial. Sin embargo, sin enfocarte en enraizar y sanar los aspectos psicológicos, mentales y físicos de vivir en esta vida, no puedes llegar al despertar de tu Verdadero Ser. Estas cinco piedras te ayudan a integrar cómo has creado tu mundo percibido y proyectado y todas las dualidades que conforman lo que has creado como un yo: material y espiritual, físico y mental-emocional, práctico y místico. Si no enfrentas estas dualidades directamente y trabajar para integrarlas y sanarlas, llevarás aspectos de tu identidad hacia la siguiente fase de tu viaje y tendrás que seguir trabajando en estos problemas y condiciones duales en otros planos. Tienes la oportunidad de transformar tu identidad ahora en esta vida. Aprovecha esta oportunidad ahora.

Cada una de las cinco piedras establece una base para que repose el trabajo energético. Comenzamos con el trabajo energético porque es lo que cambia el campo energético para liberar el patrón de identidad que has creado para vivir en este sistema de realidad dualista. El propósito clave de aprender a vivir en este sistema dualista no es escapar de él, sino trascenderlo. Trascender, no de una manera abstracta o mística, sino vivir dentro de esta dualidad sin estar internamente separado ni moverse entre un estado dual y otro con una psiquis ansiosa y perturbada. A medida que explores cuán profundamente dentro de ti está esta dualidad de separación de tu esencia, de los demás y de la verdadera naturaleza de la realidad como es, necesitarás enraizamiento, liberación y apertura a otra dimensión de ti mismo. Estas piedras proporcionan esa base, práctica e información para llevar esta dualidad a la unidad dentro de ti.

Estas piedras proporcionan esa base, práctica e información para llevar esta dualidad a la unidad dentro de ti.

Todos tus maestros espirituales intentan describir cómo escapar de la dualidad y la separación de ti mismo, de Dios, de otros seres y del mundo mismo. *El proceso central de aprendizaje de la experiencia terrestre es estar aquí y unificarte con tu Verdadero Ser y todas las cosas en este mundo.* Es experimentar directamente lo que describimos en los Cinco Pilares del Amor. Es experimentar directamente el cuidado, la esencia de la existencia de lo que eres, que es la esencia fundamental del Amor. Esto es el Amor como la forma más elevada de energía, poder y acción que abarca toda la existencia. Los cinco pilares del Amor proporcionan los puntos de apoyo para tu descubrimiento de cómo estas frecuencias crecen y se manifiestan en tu vida. En los pilares, te dimos los aspectos del Amor que tienes dentro de ti y cómo experimentarlos de manera más consciente.

Estos cinco pilares descansan sobre las piedras fundamentales de la vida diaria. *El trabajo de esta dimensión terrestre es integrar la energía con el enraizamiento. Juntos crean la transformación.* Juntos trabajan para desenredar el tapiz de tu identidad que te separaba y te aislaba de la realidad de esta frecuencia de Amor, que es tu esencia fundamental.

Cada piedra te enseña cómo liberar los hilos de la identidad autocreada. Las prácticas aún trabajan con los centros de energía, como experimentarás, pero de manera más pragmática y arraigada. Las piedras fundamentales y los pilares trabajan juntos y deben practicarse juntos. Describiremos más cómo trabajar con ambos después de presentar las cinco piedras.

Estas cinco piedras: Amor Propio, Humildad, Autoaceptación, Reflexión y Liberación de Viejos Patrones, trabajan simultáneamente tanto en las dimensiones internas como externas de tu experiencia y en cómo creaste tu vida y mundo en esta existencia física. *Cada piedra refleja la dualidad de quién eres realmente en esencia y cómo y qué creaste opuesto a esa esencia.*

Tener amor propio y autoaceptación significa que creaste lo opuesto, que fue la vergüenza y la autorrechazo. En lugar de humildad, creaste la pretensión de superioridad. En lugar de reflexión interna y externa, te volviste inconsciente y creaste el espejo de ilusión de que eras algo y alguien que no eras. Y finalmente, construiste patrones reforzantes del pasado y el futuro que te han mantenido en una prisión donde te resististe a tu libertad, alegría, satisfacción y paz.

Para liberar tus viejos patrones de autoprotección y separación, las cinco piedras te ayudan a desentrañar los hilos clave de tu tapiz que sostienen la falsa base de tu vida. Muchas tradiciones espirituales y psicológicas han enseñado a trabajar sobre estos

> Tener amor propio y autoaceptación significa que creaste lo opuesto, que fue la vergüenza y la autorrechazo. En lugar de humildad, creaste la pretensión de superioridad. En lugar de reflexión interna y externa, te volviste inconsciente y creaste el espejo de ilusión de que eras algo y alguien que no eras. Y finalmente, construiste patrones reforzantes del pasado y el futuro que te han mantenido en una prisión donde te resististe a tu libertad, alegría, satisfacción y paz.

mismos asuntos. Te estamos brindando una lente particular a través de la cual ver estos problemas, además de un lenguaje y enfoque específicos para trabajar en la liberación y construcción de una nueva base interna con un nuevo conjunto de piedras psico-espirituales.

Estas cinco piedras están interconectadas y la secuencia es significativa para ti. Usa cada piedra como un bloque de construcción para tu vida. Realiza las prácticas diariamente junto con los ejercicios de los Cinco Pilares del Amor. Permítenos comenzar a presentarte este material.

Amor Propio

Piedra Fundamental Uno

*E*l amor propio es tanto una condición psicológica como una conciencia espiritual. Te hemos enseñado que los cinco pilares del Amor son estados energéticos. El amor propio es un subproducto, un resultado de descubrir que sintonizarte con estas prácticas energéticas aumentará naturalmente tu Amor por ti mismo. La frase esencial de la técnica de liberación emocional que usas psicológicamente para los problemas de autosanación de la condición mente-el cuerpo es: "A pesar de que temo [llena el espacio en blanco], aún me amo y me acepto". Esta declaración encarna tanto la condición de amor propio como la de autoaceptación. Nuestro enfoque ahora está en la Piedra del Amor Propio para comenzar a crear tu fundamento para la vida diaria. Exploraremos el amor propio de una manera más concreta y también cómo complementa las prácticas energéticas.

> El amor propio es tanto una condición psicológica como una conciencia spiritual.

La idea del amor propio abarca desde la negatividad del narcisismo destructivo hasta el profundo y positivo poder de la autoestima. El Amor propio para tus preocupaciones aborda el sentimiento de vergüenza, duda y autocrítica que llevas en tu vida consciente e inconsciente. La primera piedra del Amor propio es el antídoto para sentir que no eres suficiente, no eres capaz, eres indigno o eres de cualquier otra manera que te haga sentir en negación de quién eres como persona.

Cuando hay poco amor propio, hay un rechazo y supresión de tu naturaleza fundamental como ser humano. Apagas tus sentimientos, tus sensaciones corporales y cualquier vía para nutrirte y cuidarte.

Sustituyes el Amor genuino por ti mismo con disfraces de falsa humildad, por un lado, y expresiones grandiosas de ti mismo por el otro, para demostrar a los demás y a ti mismo que estás bien para estar vivo. Desarrollas patrones de reacción que ocultan tu miedo a ser descubierto. Por lo tanto, proyectas un modo de autoprotección, autocontrol, dominio, reacciones de ira, culpa y/o autorrechazo. Te dices a ti mismo: "No sirvo. No soy suficiente. Me esforzaré más. No lo quise decir. Tú no entiendes. Tú eres quien crea el problema, no yo. Estoy a cargo. No te metas conmigo". Todas estas declaraciones son estrategias y reacciones emocionales para ocultar el odio hacia uno mismo y la profunda negación de tu verdadera esencia como ser humano.

En tu cultura actual, todos los sistemas de tipificación psicológica de personalidad y las prácticas espirituales que intentan trabajar con problemas de comportamiento y terapias psicosociales buscan abordar lo que nosotros, los Tres, llamamos el tapiz de tus proyecciones internas y externas; otros llaman a esto el ego. Este tapiz que has tejido desde el nacimiento es lo que llamas tu identidad. Como describimos en los Cinco Pilares del Amor, tu desafío y trabajo consisten en liberar estos patrones tejidos y programados utilizando la proyección del Perdón y los otros ejercicios energéticos que liberan el patrón de odio hacia uno mismo y rechazo de tu verdadero yo.

Continuamos recordándote que te comprometas con las prácticas energéticas, pero también reconoce que el amor propio es un abrazo diferente de la identidad mientras estás en un cuerpo físico. *Tener un amor propio genuino es descubrir dentro de ti que eres la esencia de la luz, y eres atemporal y espacio infinito. En otras palabras, no hay separación entre tu esencia y el Todo de la Existencia.*

Realmente llegarás a amarte a ti mismo al conocer y experimentar que este ser que amas en realidad es Todo. Tu identidad no está limitada a tu cuerpo-mente separados. Más bien, el ser que amas es el Ser eterno, no la identidad del ego que has construido y proyectado en tu mundo tridimensional.

> **Realmente llegarás a amarte a ti mismo al conocer y experimentar que este ser que amas en realidad es Todo. Tu identidad no está limitada a tu cuerpo-mente separados. Más bien, el ser que amas es el Ser eterno, no la identidad del ego que has construido y proyectado en tu mundo tridimensional.**

Práctica

Hay un ejercicio simple que apoya el ejercicio energético del Pilar del Perdón.

Todos los días, enfócate no más de 10 a 15 minutos y repite para ti mismo "Yo Soy Eso", a todo lo que ves, sientes, hueles, saboreas y tocas. Durante varios días, no nombres la cosa que ves, sientes, hueles, saboreas o tocas. Simplemente di, "Yo Soy Eso". Luego, durante algunos días, nombra la cosa. Nota la diferencia entre nombrar y no nombrar. Cuanto más puedas no nombrar, más se expandirá tu percepción para ser esa cosa que eres y experimentar que tú mismo eres el Ser de Todo.

Todo es tú. Todo lo que experimentas en tu vida, tanto a través de tus percepciones psicológicas como de tus sensaciones físicas, es este Único Ser. Este Todo que percibes físicamente, emocionalmente y mentalmente es la esencia del Amor. Este es el Amor por ti mismo que realmente abrazas. *Todo lo que experimentas en tu vida es el Ser que Amas. Este Ser siempre refleja el Amor de lo que realmente eres.*

A medida que haces esta práctica todos los días, descubrirás que la conciencia y la proyección de "Yo Soy Eso" estarán naturalmente presentes en todos los aspectos de tu vida. Identificarás naturalmente que "el otro" eres tú. *Una fusión de tu conciencia consciente con el otro sucederá primero. Perderás tu "tú" y luego, con el tiempo, comenzarás a experimentar solo una conciencia, solo una conciencia, sin separación o distinción entre tú y el otro.* Esto es lo que muchas de tus tradiciones llaman conciencia de unidad. En esta conciencia de unidad, amas al otro como te amas a ti mismo. Sin diferencia.

Recuerda, el amor propio es atemporal, infinito en expresión y lleno de la frecuencia más alta de energía. Esta es la verdadera identificación con el amor propio. ¡Eres Eso!

Humildad

Piedra Fundamental Dos

Todos los grandes seres de tu planeta aprendieron la verdad de la humildad. Muchos de estos seres han sido conocidos a lo largo de sus historias. La mayoría simplemente llevó vidas privadas, aprendiendo y compartiendo con otros dentro de su círculo natural de influencia y cuidado. Entonces, ¿qué aprendieron estos humildes seres sobre la humildad?

Estos seres aprendieron que la humildad no consiste en humillarse. No es algo que hagas o que te hagan. La humildad no es una respuesta de objeción a alguna acción que se te atribuye. La humildad no surge porque te das cuenta de que lo que has logrado fue destino o buena fortuna o dependía de muchas otras personas que te apoyaron y, por lo tanto, te sientes abrumado y humilde de alguna manera por haber recibido la gracia de Dios.

A menudo puedes sentir una gama de sentimientos desde el desmerecimiento hasta una profunda Apreciación al darte cuenta que, debido a la gracia, debido a algún favor no merecido para ti, pudiste hacer algo que no creías capaz de hacer, estar en el lugar adecuado para resolver un problema, decir lo correcto a una persona y cambiar así su vida, y así sucesivamente. Esto, es más un sentido de Gratitud que de humildad. Cuando ocurre la llamada *gracia*, el sentido de desmerecimiento puede ocurrir con el sentimiento de "no lo merecía, pero de alguna manera me sucedió". Cuando la gracia no está presente para ti, los intentos de ayudar a menudo pueden salir mal y con ello puede venir la humillación.

La humillación está cerca de la humildad. Ser humillado es ser visto como alguien que fue insuficiente, la causa, el fracaso o el desafortunado. "Fui humillado por lo que intenté hacer por esa persona, que no funcionó, y luego todos se volvieron contra mí por resultar tan inapropiado". Existe la supuesta humildad positiva que proviene de la gracia que sucede y la humillación negativa por algún intento deficiente de tu parte. Hay una línea muy fina entre las dos circunstancias, situaciones o eventos imprevistos que a menudo cambian entre lo positivo y lo negativo, entre la pretensión de humildad y la humillación del fracaso. Has experimentado ambas y has visto a otros que las han experimentado.

Lo que es cierto es que la mayoría de las personas no han presenciado una humildad genuina. Hay una frase dicha en muchas tradiciones espirituales y religiones: "Sé cómo una caña hueca". Esta frase encarna la humildad genuina. La esencia de la humildad es que no hay *nada* en la persona que necesite ser humillado cuando uno no es nada. La vida, tanto positiva como negativamente, pasa a través de la naturaleza *hueca* de una persona.

Ser hueco significa que no hay un yo para identificarse como humilde. Ser hueco no rige con ninguna resistencia a lo que está ocurriendo. Ser hueco es estar desapegado de *cualquier* resultado.

Una *caña humana* que sea hueca conserva una estructura. El ser hueco es un contenedor de vida, con sentimientos, creatividad y energía que fluye a través de su abertura. En este sentido, un ser como caña hueca conserva una personalidad, participa en el trabajo, las actividades y las relaciones; pero no hay fuerza, no hay resistencia a las cosas y no hay control de los resultados.

Además de la frase de la *caña hueca*, hay otra. La frase es *"huesos huecos"*. Tener huesos huecos es similar a ser una caña hueca. Es estar abierto y fluido. Los huesos de una persona humilde son huecos, abiertos, receptivos y *ajenos a la carne* de su personalidad y ego.

Una persona humilde es hueca y constantemente siente un profundo respeto y Gratitud porque la Fuente de la Existencia fluye infatigablemente a través de ella. Cuando conoces a una persona de humildad de caña hueca o huesos huecos, ya sea que esa persona sea un líder o un trabajador, son reconocidos por el sentido de presencia que refleja una energía y capacidad de respuesta diferentes a la vida.

A continuación, las características de una humildad de caña hueca:

1. No ves una personalidad definida expresada. Lo que se expresa siempre es fluido.
2. La persona no se identifica a sí misma ni se separa de los demás.
3. Muestran alegría, humor e interés genuino en las personas, así como alegría por el mundo natural y su belleza.
4. Pueden ser exuberantes, pero también profundamente tranquilos y reservados.
5. Son respetuosos tanto de sí mismos como de los demás.
6. Escuchan y hablan desde la profunda conciencia sobre lo que sucede en el momento.

Estas son las características de la verdadera humildad.

¿Cómo prácticas la humildad? No lo haces. Es evidente a partir de lo que hemos descrito que la humildad es el resultado de algo más. La clave para entender y experimentar la humildad es que te conviertas en una caña hueca, en huesos huecos. Convertirse en una caña hueca es un proceso de toda la vida. Si estás en este viaje de despertar a tu naturaleza esencial, gran parte del proceso consiste en simplemente vaciar la parte hueca de la caña de tu vida. Entre más limpies la caña interior, más hueco te vuelves, de modo que la Energía de la Vida pasa a través de ti sin resistencia.

Primera Práctica

Este vaciado de ti es un proceso natural. Todos los que eligen despertar perciben lo que está bloqueando, resistiendo o reteniéndolos de este gran flujo energético que sienten y experimentan de vez en cuando.

Las preguntas para ti son:

1. ¿Qué elección harás hoy para vaciarte?
2. ¿Cuánto dolor y resistencia soportarás para seguir haciendo lo que te bloquea?
3. ¿De qué debes desprenderte para tener más espacio en tu vida?
4. ¿Y qué de lo que temes aceptar en tu vida es lo que debes abrazar ahora?

Estas y muchas otras preguntas son tu investigación diaria para limpiar y vaciar y convertirte en un ser hueco. Aquí hay dos más.

1. Escribe una pregunta al principio del día y escribe una respuesta al final del día.
2. Algunos días, simplemente siéntate y contempla, piensa en las preguntas y PIDE a una Fuente superior a ti que te ayude.

Dado que convertirse en una caña hueca es un proceso continuo, no hay un resultado final que estés buscando. No es que la caña se limpie y vacíe de una vez por todas y así terminas. El enfoque no es simplemente limpiar y vaciar y simplemente ser hueco. Más bien, la magia de la caña hueca es que se vuelve más grande cada vez y se expande en tamaño y forma para que haya un tubo más grande por el que fluya más energía. A medida que te expandes más y te haces más hueco, experimentarás más gracia. La gracia es este flujo natural de energía de la Fuente de la Existencia que trae a través de tu Perdón, Compasión, Bondad, Apreciación y Gratitud, que son las características esenciales del corazón del Amor.

Segunda Práctica

Permítenos darte ahora un ejercicio de dos partes que puedes usar a lo largo de toda tu vida para convertirte en una caña hueca.

En algún momento todos los días, hazte las siguientes preguntas:

1. ¿A qué me estoy *resistiendo* en este momento?
2. ¿De qué *no estoy dispuesto* a tomar una decisión?
3. ¿Qué tengo *miedo* de soltar?
4. ¿Qué quiero hacer, pero me siento *atrapado*?

Como una forma de recordar estas preguntas, usa las cuatro letras RDMA (por Resistir, no estar Dispuesto, tener Miedo, estar Atrapado) para mantenerlas en tu conciencia diaria.

Hay otras preguntas similares que puedes hacerte, pero lo que necesitas observar en ti mismo y preguntarte es esto: *¿qué está bloqueando hoy mi camino para convertirme en una caña hueca?*

1. **El primer paso** es observar y cuestionar lo que está bloqueando el flujo de tu vida en este momento. Esto es conciencia sin juzgarte a ti mismo.

No trates ningún bloqueo que observes psicológicamente.

Simplemente obsérvalos con conciencia. No trates de averiguar por qué es un bloqueo o qué debes hacer para aclararlo. Puedes observar varios bloqueos, pero simplemente anótalos.

2. **El segundo paso** es traer mentalmente el/los bloqueo(s) a tu corazón y respirar en ellos.

Permítete llevar relajación a los bloqueos que resisten con sólo observarlos.

Lo que descubrirás es que algunos bloqueos parecerán disolverse naturalmente por sí solos a medida que respiras. Sabrás que se están disolviendo porque hay una sensación de espacio y paz en ti después que desaparecen. Otros bloqueos permanecerán mientras continúas respirando en el corazón.

Después de llevar la respiración a el/los bloqueo(s), continúa manteniéndolo(s) en tu corazón y luego concéntrate en visualizar o sentir la energía cálida que sube desde la tierra hasta la base de tu columna vertebral y luego sube por la columna vertebral hasta tu corazón con el flujo de energía moviendo el/los bloqueo(s) resistente(s) por el resto de tu columna vertebral, saliendo por la parte superior de tu cabeza hacia el octavo chakra, a unos 30 centímetros por encima de tu cabeza. Simplemente siente, ve, percibe y sabe que estos bloqueos han desaparecido en este vasto campo de energía.

Continúa sintiendo este flujo de energía de la tierra moviéndose a través de ti hacia arriba y saliendo por la parte superior de tu cabeza. Esta es la sensación de que te conviertes en una caña hueca.

Una vez más, el proceso de convertirse en una caña hueca comienza con tu conciencia de el/los bloqueo(s) resistente(s) y liberarlo(s) al

1. poner tu atención en tu respiración en el corazón con energía pulsante,
2. crear un flujo de energía desde la tierra hacia arriba por la columna vertebral mientras mueves los bloqueos hacia arriba y
3. experimentar que el/los bloqueo(s) se disuelve(n) y resuelve(n) de manera natural en la inmensidad de la energía mientras fluye a través de ti desde la tierra.

Dependiendo de la naturaleza de tu(s) bloqueo(s), repite el proceso tantas veces como sea necesario. Llegará un punto en el que sabrás que el/los bloqueo(s) ha(n) desaparecido. Si hay una elección, una acción o un movimiento para soltar como manifestación externa en tu vida, ocurrirá de manera bastante natural y fácil. *Por favor, recuerda, no te fuerces a ser hueco.*

Autoaceptación

Piedra Fundamental Tres

La autoaceptación está claramente relacionada con el amor propio. El amor propio, como indicamos, es la liberación de la estructura de identidad psico-espiritual que desarrollaste y creaste como compensación por las condiciones ambientales de tu patrón de vida. Estos son los patrones de energía que trajiste a esta vida desde otras existencias. El trabajo del amor propio es expandirte más allá de este tapiz de identidad autoprotectora. La Piedra Fundamental del Amor Propio es la expansión más allá de lo que psicológicamente llamas la estructura de tu ego. Por lo tanto, te hemos dado la práctica fundamental de *Yo Soy Eso*. Esta práctica abre y expande las dimensiones de tu conciencia para experimentar directamente la inmensidad del Amor que es tu esencia central. El "tú" que realmente eres no es el escudo de autoprotección que has creado; más bien, ¡es la esencia de Todo!

Mientras que el amor propio es expansión, la autoaceptación es limitación. Esta es una vista sorprendente de extraños opuestos. La declaración que a menudo combinas es "Me amo y me acepto a mí mismo"; esto refleja estos opuestos. Estos opuestos son como la función de la respiración de expandirse y contraerse, de inhalación y exhalación. Lo que enfatizaríamos en esta comparación es que el amor propio es la inhalación que llena, expande y se abre al Amor dentro de ti. *La autoaceptación, como exhalación, es la liberación, el retorno, la relajación, el ablandamiento, la retracción, la definición de límites y la conciencia de las limitaciones naturales que te llevan al descanso y finalmente, a la paz.*

La autoaceptación implica descubrir tu propio ritmo viviendo en este mundo tridimensional. Mientras que en el amor propio te expandes en el espacio, en la autoaceptación te liberas de la presión del tiempo. El tiempo y el espacio son opuestos complementarios. En los cinco pilares del Amor, vimos cómo aprender a moverte en frecuencias superiores de energía para ir más allá del tiempo hacia la vastedad del espacio. Para tu vida psico-espiritual diaria, te estamos dando piedras fundamentales que complementan el trabajo de energía de formas más prácticas y aterrizadas.

Mientras que en el amor propio te expandes en el espacio, en la autoaceptación te liberas de la presión del tiempo.

Esta Piedra Fundamental de la Autoaceptación altera el tiempo para ti. No aceptarte a ti mismo es quedar atrapado en el tiempo de tensión continua, alto estrés, ansiedad no resuelta, falta de confianza, profundo autojuzgamiento, perfeccionismo, una imagen negativa de ti mismo y así sucesivamente. Todo lo que tienes que hacer es detenerte un momento y notar el diálogo negativo contigo mismo. *Las características del diálogo negativo contigo mismo son las falsas limitaciones que mantienen la mente, el corazón y el cuerpo restringidos y sin poder descubrir el movimiento natural, el flujo y la expresión de tu vida.* Debido a la identidad falsa y al dolor constrictivo conductual y emocional, fundamentalmente no aceptas el enorme potencial, la creatividad, la alegría y, sobre todo, la paz de simplemente ser lo que fuiste creado para ser.

Exhalar es liberar lo que sea que te constriñe. La exhalación te permite descansar, te asienta en una configuración diferente de energía en tu cuerpo. Esto se percibe como la relajación de tus emociones, la quietud y la calma de tus sentimientos, y una disminución natural de tu charla mental interna. Dejar salir el aire de tu cuerpo, emociones y mente es lo que te lleva a un lugar potencial de paz, relajación profunda y descanso.

Es en este lugar de paz y descanso del cuerpo, mente y corazón donde experimentarás la verdadera autoaceptación. La autoaceptación es estar en reposo y en paz con lo que está ocurriendo en tu cuerpo, mente y corazón. Al *contraerte* en la paz interior, destruyes el poder del tiempo sobre tu vida con todas sus demandas, presiones, miedos, ansiedades y tensiones.

Al utilizar el amor propio y la autoaceptación como opuestos complementarios saldrás de las limitaciones de tu falsa identidad para experimentar la creciente expansión dentro de ti tanto del espacio como de la atemporalidad. *El amor propio te lleva a la expansión del Todo que constituye "Yo Soy Eso". Con la autoaceptación, vas en la dirección opuesta para experimentar la liberación de cualquier cosa que entregues a la condición del tiempo.* Rompes el nudo del tiempo para descubrir el punto estático de paz eterna. Esta es la paz que se describe en tu Biblia como *"La paz que sobrepasa todo entendimiento"*.

Así que, nuevamente, el amor propio rompe la identidad en el espacio del Amor absoluto que eres. La autoaceptación rompe el control del falso yo sobre el tiempo para descender, retroceder y llegar a ese punto estático de absoluta paz. El Amor y la Paz son el resultado de estos opuestos complementarios.

> Así que, nuevamente, el amor propio rompe la identidad en el espacio del Amor absoluto que eres. La autoaceptación rompe el control del falso yo sobre el tiempo para descender, retroceder y llegar a ese punto estático de absoluta paz.

Desde este lugar de quietud y paz, tienes claridad, visión, conocimiento directo y la continua conciencia de que la vida se vive según su propio ritmo natural, paso, flujo y expresión. Los patrones de comportamiento, las intenciones de acción, la expresión emocional y la agudeza mental se expanden y contraen naturalmente en cuatro características: ritmo, paso, flujo y expresión. *Para vivir en esta conciencia de la vida, inhala y exhala pensamientos y sentimientos de armonía, equilibrio y sensibilidad contigo mismo y con todo lo que te rodea.*

Muchas personas como tú han practicado alguna forma de meditación. Puedes reconocer el estado y la experiencia de vivir diariamente desde este punto estático de paz interior. El descubrimiento feliz para la mayoría de ustedes es que, al vivir desde este punto estático de paz interior, la Fuerza de Vida dentro de ti te mueve, en lugar de que tú dirijas, fuerces o generes una acción que no sea natural para el movimiento de tu propio ritmo.

Primera Práctica

La piedra de práctica de la autoaceptación es simple pero desafiante. Consta de dos partes.

La Primera Práctica es casi obligatoria para todos con el fin de llegar al punto estático de paz interior. Para aprender y experimentar esta paz interior y el ritmo externo, debes practicar alguna forma de meditación. La práctica es diaria. No puedes romper el control del tiempo y sus presiones y restricciones si no aprendes a calmar diariamente tu cuerpo, corazón y mente.

Todas las trayectorias espirituales tradicionales señalan la meditación como la puerta de entrada para descubrir la expresión natural de tu vida aquí, en este mundo y en este momento caótico de tu historia. La meditación consiste en derribar la construcción de tu falsa identidad. Esta es la identidad que no te permitir vivir desde el punto estático de la paz.

1. La práctica de meditación más básica consiste en seguir la inhalación y exhalación de tu respiración. Cuando tu mente divague, no te juzgues; simplemente vuelve tu atención a la respiración. Con el tiempo, la mente se aquieta como la calma de las olas en un lago en un espejo suave y reflectante.
2. Si ya tienes una práctica de meditación, tómatela en serio y hazla de manera consistente durante veinte minutos a una hora cada día.

Segunda Práctica

Más allá de la práctica diaria de la meditación está la conexión con los ritmos del mundo natural. Esta es una práctica de observación.

1. Siéntate o camina en el bosque, en un parque, en tu patio trasero o mira por la ventana los árboles, pájaros, nubes, sol o cualquier cosa que veas, huelas, escuches y sientas.
2. Permite que tu respiración comience a desacelerarse con la sensación de lo que estás viendo, escuchando y sintiendo. Sobre todo, permite que tu conciencia descanse en esta apertura de tus sentidos a esta experiencia de la vida que te rodea. Esto es una experiencia de vida que no se vive según tu sentido del tiempo, sino que se vive en armonía con lo que realmente está ocurriendo.
3. El desafío de esta práctica es encontrar tiempo en tu vida para hacer esta observación, respiración y descanso en el mundo

natural de ritmos más lentos. *Al igual que la meditación te proporcionará una conciencia más profunda y clara; esta práctica hará lo mismo para llevarte al punto estático de paz interior mientras te involucras con el mundo.*

Ambas prácticas se complementan entre sí. La práctica de meditación consiste en aislarte del mundo para mirar hacia adentro. La práctica de observación consiste en abrir un ritmo diferente en ti al salir de ti mismo y entrar en sintonía con el mundo natural.

Tercera Práctica

Esta práctica trata sobre cómo tiendes a apresurar y forzar tu vida. Esta es una práctica importante para la época en la que vives. Con demasiada frecuencia, tu ritmo se traduce en forzar el tiempo, apresurarte para hacer las cosas rápidamente, intentar descubrir formas de tener más tiempo y tratar de hacer más en menos tiempo. Esta presión de poner más energía en una cantidad limitada de tiempo genera presión y tensión en tu cuerpo, así como emociones como el miedo y la ansiedad. Además, te enfocas mentalmente en el futuro, por lo que no estás sintiendo, experimentando y conociendo el ritmo de cada una de tus acciones. Escapas de esta manera para no estar presente y consciente de ti mismo y de cómo tu cuerpo, mente y corazón se complementan entre sí. Las tres partes de tu ser deben estar unidas para liberarte del control y prisión del tiempo. El patrón profundo e inconsciente en ti y en casi todos en tu sociedad es el temor a que se te acabe el tiempo. Esto significa que temes tu final, tu muerte. Cuando tu realidad está atrapada en la percepción que solo hay nacimiento y muerte, el tiempo domina. Cuando el tiempo se comprime en el momento, descubres la eternidad y el lugar infinito de belleza, conciencia y donde todo es posible.

Descubrir el momento presente es hallar la libertad dentro de ti. La autoaceptación amorosa consiste simplemente en estar en este momento que no tiene tiempo. Solo puedes aceptar lo que eres, eterno en este momento y luego en el siguiente y en el siguiente.

A continuación, la tercera práctica, que te ayuda a comprender que hay simplicidad en observar una cosa a la vez. Esta tiene que ver con cómo experimentar el momento.

1. Observa algo: una hoja en un árbol, un lagarto en una roca, un pájaro en un comedero, una nube en el cielo, un bebé durmiendo, un perro comiendo, la luz del sol a través de una ventana o cualquier cosa que capte tu atención. Solo enfoca tu atención en una cosa.
2. Concentra todos tus sentidos en esa cosa. Obviamente, observa con tus ojos, pero también escucha, huele y, cuando corresponda, toca y siente, por ejemplo, el pelaje de un gato o un perro. Toca suavemente la piel de tu mano u otras partes de tu cuerpo. Concéntrate en cada sensación.
3. Mientras observas con cada uno de tus sentidos, sé consciente de tu corazón. Lleva cada sensación a tu corazón y siente aprecio por lo que estás experimentando.
4. Cada enfoque en la sensación te llevará momento a momento hacia la paz y la serenidad. En cada momento, permite que tu ser descanse en tu corazón, siguiendo su suave ritmo.

Cada una de estas prácticas abre una profunda puerta de autoaceptación.

Reflexión

Piedra Fundamental Cuatro

La reflexión es una forma psicológica, metafórica y práctica en la que llevas tu vida. La reflexión consiste en mirarte en un espejo y contemplar lo que ves allí. La reflexión refleja tus proyecciones sobre ti mismo y la creación de tu mundo. *Pero para nuestros propósitos, la reflexión es un recordatorio que actúa para liberar los patrones y espejos de tu vida.*

La palabra reflexión significa que alguien, una situación o una conciencia externa o interna te está devolviendo las experiencias y patrones de tu vida, así como tus pensamientos, comportamientos y acciones. Lo que piensas, sientes, exteriorizas, expresas verbalmente, actúas e intuyes refleja tu estado de ser en cualquier momento. Refleja lo que es la realidad para ti.

> **Lo que piensas, sientes, exteriorizas, expresas verbalmente, actúas e intuyes refleja tu estado de ser en cualquier momento. Refleja lo que es la realidad para ti.**

Una noción positiva de la reflexión como un acto de contemplación es una forma de considerar y explorar tu experiencia, acción, comportamiento y pensamiento. Reflexionar y contemplar algo es detenerse y mirar su naturaleza, efecto, proceso y movimiento en tu vida. Además, la contemplación consiste en considerar y mirar desde diferentes ángulos, puntos de vista y formas de entender lo que estás examinando.

Haz una pausa en tu lectura y considera las siguientes preguntas como una forma de reflexionar sobre los problemas en tu vida.

1. En tu vida en este momento, ¿qué problema, preocupación, persona, acción o situación está *dominando* tus pensamientos, sentimientos y experiencia?
2. ¿Qué *impacto* tiene esta situación o circunstancia en ti, en otros y en tu vida interior y exterior?
3. ¿De qué manera te sientes más *vulnerable* en esta situación o experiencia?
4. ¿Cómo influye el *proceso* de lo que está ocurriendo en ti al ser vulnerable en tus pensamientos, sentimientos y acciones?
5. ¿Cómo afecta la *interacción* de tus pensamientos, sentimientos, acciones y/o comportamientos con este problema en tu vida de manera positiva o negativa?
6. ¿Hay algo que puedas hacer en este momento para *cambiar* la situación que estás reflexionando?

Es útil escribir tus respuestas a estas preguntas mientras las reflexionas y las contemplas. Cuantos más escribas, más perspectiva y comprensión comenzarán a surgir. Utiliza estas preguntas como puntos de partida para reflexionar y contemplar lo que está ocurriendo en tu vida, especialmente lo que te preocupa sobre ti o los demás.

La naturaleza y la manera en que reflexionas sobre tu vida también conducen a cómo tu proyección y/o reflexión funden sus imágenes en el mundo y cómo percibirás la imagen de ti mismo y de los demás. En tu desarrollo, crecimiento y profundización como identidad humana, necesitas la reflexión y la contemplación para observar las proyecciones y los efectos de tu vida en los demás y en el mundo. Luego, debes determinar cómo girar estas proyecciones hacia adentro para crear tu identidad como un yo. *Reflexionar sobre este proceso de proyección hacia afuera y hacia adentro proporciona el punto de conexión de la transformación.*

Has escuchado decir que todo es un espejo que refleja la naturaleza de tu realidad. Esto es cierto. Estas dimensiones de reflexión que hemos descrito son las que operan en cada ser humano. Sin embargo, en la mayoría de las personas, esta reflexión sobre uno mismo y sobre el mundo es en su mayoría inconsciente. Aquellos que reflexionan profundamente y con concentración y aquellos que son hábiles en la meditación pueden romper los espejos para experimentar la realidad directamente.

Hemos descrito en los Cinco Pilares del Amor que tu identidad es un tapiz de proyecciones. Para la mayoría de ustedes, la reflexión consiste en observar tus proyecciones y lo que reflejan de vuelta y, por lo tanto, cómo refuerzan tu identidad tejida. En algún momento, puedes comenzar a trabajar a nivel energético para tratar de deshacer estas proyecciones y desenredar el tapiz de tu identidad al ver a través de los espejos que has creado. La meditación te acerca más a hacer esto, junto con ejercicios energéticos específicos para cambiar la dinámica de refuerzo de los espejos que tus proyecciones establecen y reflejan de vuelta, como hemos indicado antes.

Sin embargo, con esta explicación, queremos darte un medio para romper estos espejos de reflexión de otra manera. A menos que puedas derribar tu casa de espejos, todos tus reflejos de proyección que devuelven la construcción ilusoria de tu realidad continuarán. Sin romper tus espejos, nunca experimentarás una verdadera libertad en esta vida. *Romper los reflejos de autorrefuerzo que conforman quién y qué piensas que eres es el propósito central de la liberación en esta vida.* Y sí, sabemos lo que estás pensando. Tu pregunta es: "¿Cómo rompo los espejos de reflexión y refuerzo de mi identidad? ¿Y cómo rompo la realidad consensuada personal y general en la que vivo? Y finalmente, ¿cómo creo esta ruptura para experimentar la liberación y la libertad?"

Como piedra fundamental para la vida diaria, romper la reflexión de ti mismo se logra mediante una práctica diaria particular. Desde el momento de tu nacimiento, has estado construyendo tu identidad y el mundo en el que vives. Tanto tu identidad como tu mundo son diferentes de los de los demás, incluso aunque tú y otros conspiran para crear una realidad consensuada que está en constante cambio. *Aparte de un colapso fundamental mental y emocional, la única forma de desmontar una vida de proyecciones y reflejos que provienen del mundo que te rodea es aplicar procesos energéticos a tu ser a diario.* Los ejercicios de energía en los Cinco Pilares del Amor son parte de esta práctica diaria, junto con algunos otros ejercicios de energía que te hemos proporcionado. Sin embargo, hay un ejercicio central que actúa como una palanca clave para producir la fisura necesaria en los espejos de tu vida. Este ejercicio es engañosamente simple. Aquí está el contexto para ello.

Las proyecciones que conforman tu identidad y experiencia de tu mundo provienen de tus pensamientos y el patrón de esos pensamientos. Los pensamientos se superponen y tejen juntos los patrones de tu experiencia como si fueran reales para ti. *El propósito del ejercicio que te estamos dando es desentrañar los hilos de estos patrones tejidos y producir un desenredo de tus percepciones de ti mismo y de tu sistema de realidad. Cuando ocurre este desenredo, los espejos de refuerzo y reflexión se rompen y experimentas la realidad tal como es en realidad.* Esta práctica ayuda a separar el falso yo que has creado.

Práctica

Cada mañana en tu tiempo de meditación y luego por separado tantas veces como recuerdes durante el día, haz lo siguiente:

1. Enfoca tu atención en la región de tu frente. Siente cómo la energía en la frente se calienta y pulsa mientras te concentras en ella.
2. A medida que se acumula la concentración de energía en tu centro de la frente, dite a ti mismo lo siguiente: *"Libero todos los pensamientos, recuerdos y emociones que crearon mi vida y mi mundo."*
3. Repite esta frase varias veces mientras mantienes la concentración de energía en tu frente.
4. En un punto cómodo, lleva esta energía hacia abajo hacia la zona de tu corazón y repite lo siguiente: *"El Amor es mi esencia. Todo lo que soy es Amor"*. Siente la cálida energía pulsante en el corazón mientras dices esta frase. Repite esta frase varias veces.
5. Haz esta práctica muchas veces durante el día. Cuanto más la practiques, más desenredarás y romperás los espejos que te impiden ver la Verdad de la realidad y la naturaleza de tu Verdadero Ser.

No te apresures mientras repites estas dos frases en la frente y el corazón. *Siente la energía fuertemente en la frente y cariñosamente en el corazón.* Cuanto más practiques lentamente, más te experimentarás como la fuente de tu naturaleza esencial y verdadera. Esta práctica solo lleva unos minutos, pero a través de su aplicación continua, observa cómo te vuelves más consciente, abierto, vasto y menos controlado por tus viejos patrones y percepciones. *La reflexión se trata de liberar la imagen de tu identidad y la imagen del mundo que creaste para protegerte.*

La intención en el ejercicio es liberar continuamente los hilos del pensamiento, la memoria y la emoción que crearon tu falso yo y tu mundo y luego afirmar tu verdadera esencia, que es la energía del Amor. Recuerda recitar muchas veces durante el día: "El Amor es mi esencia. Todo lo que soy es Amor."

Permite que así sea en ti.

Liberación de Viejos Patrones

Piedra Fundamental Cinco

*E*n la piedra Fundamental de la Reflexión, se te proporcionó la práctica para romper la ilusión de los espejos que reflejaban tu falsa identidad y la del mundo que creaste para protegerte. Esta nueva piedra fundamental de la Liberación de Viejos Patrones no solo se trata de liberar los pensamientos, recuerdos y emociones que crearon tu identidad y mundo, como practicaste en la Reflexión, sino también de dar otro paso. *Este paso es para liberar los patrones fundamentales de tu pasado ancestral y del futuro probable que componen tu apego a los patrones de tu civilización.*

La liberación de viejos patrones del pasado o la creación de patrones negativos para el futuro no tiene que ver solo contigo personalmente. Las fuerzas energéticas que mantienen unida la continuidad de tu línea ancestral personal y tu línea cultural actual se integran en tu experiencia como una realidad percibida que es falsa y limitante en cuanto a cómo debes vivir realmente en el tiempo y espacio tridimensional. Tu falso yo crea resistencia constante y falsos espejos de autodefensa que te mantienen en aislamiento y miedo. Tu sociedad y la civilización mundial en su conjunto están constantemente resistiendo el flujo de la energía del Amor a través de todos los seres. Tu civilización ha estado tejiendo los hilos de una profunda ilusión, miedo, dolor y destrucción del mundo natural. Te explicaremos que estos patrones destructivos no solo provienen de elecciones del pasado, sino también del futuro. A medida que aprendas a liberar estos patrones del pasado y el futuro, estarás contribuyendo a transformar la realidad estructural de la experiencia actual en el espacio-tiempo en el que vives.

Dijimos en la introducción a las Cinco Piedras Fundamentales para la Vida Diaria que es importante seguir y practicar la secuencia en la que te damos estas cinco piedras fundamentales. La piedra de la Reflexión se basa en la transformación personal al romper los espejos de la identidad hecha por ti mismo y la estructura de cómo percibes tu vida y tu mundo. La Reflexión es un paso necesario de liberación a nivel personal. Cuando tu práctica comience a transformar tu experiencia de la realidad y a medida que la realización ocurra en ti, el proceso natural comenzará a transformar la realidad de todo lo que te rodea en tu mundo presente.

Examinemos cómo comienzas a funcionar y a liberar viejos patrones negativos que se extienden en el tiempo. Comenzamos con tus ancestros. En muchas tradiciones espirituales, especialmente en las culturas indígenas, se realizan rituales y ceremonias tanto por individuos como por grupos que buscan sanar y restablecer el equilibrio y la armonía en las relaciones generacionales. Estas personas sabían que las elecciones y decisiones de personas siete generaciones atrás tendrían un impacto positivo o negativo en sus vidas y en la sociedad actual. Si consideramos que una generación dura aproximadamente veinticinco años, entonces el impacto del pasado y en las generaciones futuras debía considerarse en términos de 175 años. Al tomar decisiones, sus chamanes y curanderos se adentrarían en el tiempo y observaban tanto hacia atrás como hacia adelante para observar el impacto de sus decisiones actuales en el futuro, así como en el pasado. También observarían qué decisiones tomarían las generaciones futuras que los afectarían en su tiempo presente. En tu mundo de pensamiento lineal, solo percibes en una dirección. En estas llamadas culturas primitivas, sabían que todo está sucediendo simultáneamente y *fluyendo* de ida y vuelta a través de todas las realidades pasadas y futuras.

> **En estas llamadas culturas primitivas, sabían que todo está sucediendo simultáneamente y fluyendo de ida y vuelta a través de todas las realidades pasadas y futuras.**

Tanto el impacto individual como el societal en las condiciones futuras de las personas deben considerarse en este patrón de 175 años. Considerando los patrones que ves en juego hoy y las elecciones o la falta de elecciones que las personas a tu alrededor y en posiciones de liderazgo y poder están haciendo, la pregunta es: "¿Cómo crees que será tu mundo en 175 años, o incluso en veinticinco o cincuenta años?" Cuando te encuentras en esta encrucijada, ya sea como individuo, grupo de personas o como la civilización misma, cada elección y decisión que tú y otros tomen tendrá un gran efecto en cascada hacia el futuro. Lo sabes intelectualmente, pero no has llevado las implicaciones a tu corazón y tus sentimientos más profundos. Con tu pensamiento, comportamiento y acciones, cambias constantemente el presente y, con tus elecciones, cambias el futuro para millones, si no miles de millones de personas.

En los Cinco Pilares del Amor, enfatizamos la Compasión y la Bondad como base para el pensamiento, el comportamiento y la acción. Con esta piedra fundamental de la Liberación de Viejos Patrones, te animamos a llevar estas cualidades de Compasión y Bondad al caos de tu mundo actual y liberar los patrones arraigados que frenan el crecimiento evolutivo de la humanidad para despertar a un nivel vibracional de existencia más elevado.

Muchas civilizaciones anteriores en tu planeta han llegado a un punto similar de transformación y han muerto en el capullo, sin emerger, como lo hace la mariposa, a un plano superior de experiencia. *La pregunta ante tu civilización es si seguirás el mismo camino, siempre tratando de cambiar, pero nunca dando el siguiente paso hacia la transformación evolutiva.* Estamos seguros que, en medio del creciente caos, los individuos y grupos pueden ser fuerzas que liberen la energía bloqueada de las generaciones anteriores de sus elecciones, decisiones y acciones negativas. El último punto de inflexión de la séptima generación anterior que influye en tu situación actual comenzó alrededor de 1840 o 1850. Esta fue la era inicial de tu Revolución Industrial y el comienzo de la era de la máquina tal como la conoces hoy. Desde la máquina de vapor hasta la fiebre del oro, desde la matanza de los pueblos indígenas hasta la tala de bosques vírgenes y desde la expansión a través de la guerra hasta el intento de detener la esclavitud, la energía subyacente de este período fue la codicia sin consideración por la humanidad ni la naturaleza. No es necesario recitar una serie de otras malas decisiones, elecciones y acciones de este período que nos han llevado al caos del mundo actual, con su avaricia, corrupción, destrucción de la naturaleza y control sobre la vida de las personas. Ves los resultados de este período del pasado a tu alrededor.

Si trabajas en la piedra fundamental de tu propia liberación, naturalmente comenzarás a desear ayudar a liberar lo que está destruyendo a tantas personas, comunidades y, en última instancia, tu mundo natural. Esa es la intención de esta piedra fundamental. Desde fuera, lo que ves con tus ojos reflejados parece imposible de detener o cambiar. Crees que hay muy poco de lo que realmente sabes o comprendes en este mundo complejo y caótico. Esto es cierto, pero al igual que tejiste un tapiz de un falso yo y descubriste que podías deshacer los hilos de esta tela para poder percibir la vida tal como es en realidad, también puedes deshacer la cultura tejida de civilización falsa que está destruyendo tu mundo. Al explicar esta piedra fundamental, queremos ayudarte a cambiar tu creencia y tu percepción al retroceder siete generaciones para sanar una visión falsa de la vida. Y, queremos enseñarte a avanzar siete generaciones en el futuro para sanar lo que tu civilización de hoy está creando para ese tiempo. Al sanar el pasado y el futuro, sanas el presente. Deshaces el tapiz tejido de una civilización falsa y destructiva que se repite. *Hoy puedes ayudar a sentar las bases para un salto verdaderamente evolutivo y transformador a una dimensión completamente diferente de la realidad.*

Te damos este marco para que sepas que las prácticas que te estamos proporcionando en esta piedra fundamental son la base de todas tus verdaderas tradiciones espirituales. Muchas tradiciones tienen prácticas para llevar sanación, salvación y transformación a toda la humanidad y a todos los seres: la noción de profetas, salvadores y santos para ayudarte a alcanzar la salvación en las tradiciones monoteístas; la tradición del *bodhisattva* en el budismo para llevar a todos los seres a la iluminación; las tradiciones energéticas de los taoístas para usar el cuerpo para transformar la vida; los dioses hindúes que ayudan a todos los seres a florecer a lo largo de muchas encarnaciones; y la vasta era del chamanismo que buscaba equilibrar y armonizar a todos los seres, humanos y no humanos. Esta piedra fundamental de la Liberación de Viejos Patrones se encuentra en esta línea de tradiciones.

Dos Prácticas

Te ofrecemos dos prácticas que son poderosas fuerzas energéticas capaces de afectar tanto el tiempo como el espacio. Es decir, estas dos prácticas pueden transformar el tiempo y el espacio del pasado y el tiempo y el espacio del futuro.

Primera Práctica

La primera práctica consiste en liberar el patrón de tu pasado a través del linaje de tus antepasados familiares y tu comprensión general de las siete generaciones anteriores desde el período de tiempo de alrededor de 1840.

1. El primer paso es hacer una lista de tu linaje a través de ambos padres, retrocediendo hasta abuelos, bisabuelos y, si es necesario, tatarabuelos. Si no conoces tu linaje real, lee algo sobre el período de 1840 a 1850 en los Estados Unidos, así como en otros lugares del mundo en ese momento. Las personas como tú, de los Estados Unidos, pueden imaginar a los emigrantes que vinieron de otros lugares del mundo a su país. Hubo un flujo de emigrantes desde Europa, Asia, África y América Latina. A medida que comenzaba la industrialización, surgían fábricas y se construían ciudades en Europa y América del Norte. Comenzaron cambios enormes que afectan a tu mundo hoy. Este primer paso te proporciona un contexto personal para las elecciones y decisiones que te afectan a ti y a todos los demás en el mundo actual.

2. El segundo paso es crear una mesa, estante o rincón en tu hogar que tenga fotos de tu linaje y/o imágenes de este período de 1840 a 1850. También coloca una piedra favorita, una pluma de ave, un pequeño recipiente de agua y una vela alrededor de las imágenes. Estos son los cuatro elementos: tierra, aire, agua y fuego. Este es un altar ancestral. Es un recordatorio tradicional

y concreto tanto de los humanos como de los ancestros del mundo natural que te importan.

3. El tercer paso es sentarte una vez al día frente al altar, al menos durante quince minutos, haciendo un proceso específico de liberación.

4. El cuarto paso, mientras te sientas frente a tu altar, es llevar la energía desde la tierra por tu columna vertebral hasta tu corazón, y luego traer energía desde el cosmos a través de la coronilla de tu cabeza a tu corazón. En el corazón, respira rápidamente, pulsando la energía para que crezca en tu corazón. Este pulso de energía debería resultarte familiar a partir de otras prácticas energéticas dentro de los Cinco Pilares del Amor.

5. El quinto paso es concentrarte en fortalecer la energía en tu corazón. Luego, fija tu atención en tus ancestros y las imágenes de mediados del siglo XIX. Ahora, dirige tu energía del corazón como un rayo de luz a esa época, llenando a tus ancestros y todas las elecciones, decisiones y actividades humanas con esta energía de Amor. Mantén la intención de que toda la energía negativa y las malas elecciones se liberen de esa época. Sostén la intención de esta energía hasta que sientas una liberación en un sentido de paz interior. En tu corazón, no mantengas juicio, solo cuidado, Bondad, Compasión y Amor. Haz esta práctica durante un mes todos los días y comenzarás a percibir algunas transformaciones asombrosas en tu linaje que te traerán a ti y a ellos sanación. También traerá sanación al mundo que te rodea ahora.

Segunda Práctica

La segunda práctica consiste en trabajar en la liberación del futuro, de la misma manera que la primera práctica trabajaba en liberar el pasado. En esta práctica, te adentrarás en el futuro que está siendo determinado por los eventos y elecciones de hoy. Este movimiento hacia el futuro no es pretender ni crear una experiencia ficticia. Te ayudaremos a abrirte a una dimensión superior de la realidad que está disponible para ti si estás dispuesto a trabajar con la energía y realizar consistentemente las prácticas que te llevan más allá del tiempo y el espacio. Todo lo que se necesita es disposición para soltar y liberar tus viejos patrones.

1. El primer paso es ajustar tu conciencia para 175 años en el futuro. Esto sería aproximadamente 2190 a 2200.
2. El segundo paso es, una vez más, llevar la energía de la tierra y el cosmos a tu corazón. Respira profundamente, pulsa y siente cómo la energía se acumula en tu corazón. Cuando la energía esté muy fuerte en tu corazón, lleva la energía hacia arriba por la columna vertebral y hacia afuera por la coronilla de tu cabeza. Siente cómo tu conciencia se mueve libremente desde tu cuerpo y establece la intención de avanzar hacia 2200.
3. El tercer paso es mantener el enfoque en una línea de tiempo que avanza hacia el futuro. Una forma de hacerlo es contando los años en incrementos de veinticinco años. En cada punto de veinticinco años, observa los cambios en las sensaciones e incluso en lo visual de ese período a medida que atraviesas los segmentos de aproximadamente 2050, 2075, 2100 y así sucesivamente. Cuando llegues a 2200, permítete descansar y estar abierto a lo que percibas a través de tus sentidos. Puedes tener imágenes, sensaciones en tu cuerpo, emociones y más. Simplemente, obsérvalos.
4. El cuarto paso es hacer algo muy importante. PIDE a una Fuente superior a ti que traiga energía, luz, paz, armonía, equilibrio y todo lo que sea necesario para sanar y cambiar a este tiempo a través de tu corazón. Es tu energía de corazón la que estás

enviando desde tu tiempo hacia este tiempo futuro para liberar lo que debe dejarse ir y que haya un futuro diferente al que se está creando hoy. Si haces esto todos los días durante un mes, aprenderás una cantidad enorme y experimentarás el poder de la transformación atemporal.

Es tu disposición para practicar este ejercicio lo que profundizará tu experiencia de ser parte de la sanación del pasado y el futuro al liberar patrones negativos y destructivos de tu civilización.

¡Que seas fiel a esta práctica en nombre de todos los seres en tu planeta en tu pasado, presente y futuro!

Trabajar con tu Práctica

Primer Comentario

Una mañana, mientras leía la introducción a las "Piedras" y las diversas secciones, noté que los Tres habían indicado en la introducción que presentarían cómo combinar las prácticas de los "Pilares" con las "Piedras" después de presentar las cinco prácticas fundamentales de las piedras. Pregunté si todavía iban a darme ese material. Su respuesta fue personal para mí, pero también general para cualquiera que empiece a trabajar con ambos conjuntos de prácticas. Después de recibir la respuesta a mi pregunta, les pregunté si podía incluir este material en el manuscrito, ya que sentía que sería útil para otros además de mí. Dijeron que sí. A continuación, presento la transcripción tal como la recibí.

> "David, nos alegra que estés siendo más constante en el trabajo con las prácticas tanto de los Pilares como de las Piedras. En este momento, te sugerimos que trabajes intuitivamente con una u otra de las prácticas en cada sección. Lo importante para ti es cómo necesitas trabajar diferentes temas y dimensiones de tu vida en diferentes momentos. Así que hoy, trabaja con la práctica de *Yo Soy Eso* en la Piedra del Amor Propio.
>
> No subestimes cómo estas prácticas trabajan en tu mente, cuerpo y corazón. Una práctica es una práctica. Confía en tu práctica. Una práctica moldea un recipiente para que desentrañes los hilos de

tu tapiz. Una práctica también te recrea y te lleva a tu esencia al mismo tiempo. Esto es tanto el misterio de la práctica como el medio de transformación y trascendencia de tu existencia en esta dimensión. Las prácticas te están enseñando a estar en paz interior energizando tu capacidad para estar en la quinta dimensión. Sí, tanto los Pilares como las Piedras están destinados a llevarte a la experiencia de la quinta dimensión. La quinta dimensión está al otro lado de lo que experimentarás como muerte física. Cuando comiences a experimentar la quinta dimensión mientras estás en forma física, el paso a través de la puerta de la muerte representará poco miedo o preocupación para ti.

Así como nos preguntaste antes, tu práctica de hoy es *Yo Soy Eso*. Enseña que no hay un *tú* que se pueda identificar como un *tú*. La verdadera realidad es que *Todo* Es *Tú*. Esta práctica te enseñará esto y te ayudará a moldear tu recipiente para conocer esta verdad. Pero experimentar ser Todo es tanto una liberación como un abrazo de tu esencia, que es el Amor y, por lo tanto, lo que Todo es. Así que también incluye la práctica de la Reflexión, ya que trabaja contigo para soltar tus pensamientos, recuerdos y emociones y experimentar tu verdadera esencia de Amor. Estas palabras en las prácticas tienen poco significado hasta que experimentes completamente lo que te hemos estado enseñando y proporcionando para que experimentes en las prácticas."

Segundo Comentario

Después de que los Tres me proporcionaron este material, les solicité que resumieran el uso de las prácticas para quienes lean estos comentarios. Y es lo que sigue:

Para todos los que puedan leer esto, sepan que deben confiar en su intuición y preguntarse a sí mismos qué prácticas y combinación de prácticas entre los Cinco Pilares y las Cinco Piedras Fundamentales deben trabajar en cualquier momento determinado para dar su siguiente paso natural en el desarrollo interno y externo. En primer lugar, les recordamos que deben trabajar individualmente con todas las prácticas primero y luego comenzar a combinarlas. Por ejemplo, existen combinaciones naturales como la Compasión de los Cinco Pilares con la Liberación de Viejos Patrones de las Cinco Piedras Fundamentales. Descubrirán estas combinaciones por sí mismos a medida que trabajen con el material que les hemos dado.

A medida que continúen con las prácticas, habrá cambios incrementales en la conciencia, la comprensión y el conocimiento directo. Y luego, habrá saltos. Tú, David, aún no has dado un salto, pero las prácticas continuas construirán la plataforma energética desde donde la única alternativa y el siguiente paso natural es saltar. Ese salto puede ayudar a todos ustedes quienes leen esto a aprender a cambiar de dimensiones, lo que está más allá de cualquier cosa que conozcan actualmente. Suficiente por ahora. Sepan que son Eso.

> **A medida que continúen con las prácticas, habrá cambios incrementales en la conciencia, la comprensión y el conocimiento directo. Y luego, habrá saltos. Tú, David, aún no has dado un salto, pero las prácticas continuas construirán la plataforma energética desde donde la única alternativa y el siguiente paso natural es saltar. Ese salto puede ayudar a todos ustedes quienes leen esto a aprender a cambiar de dimensiones, lo que está más allá de cualquier cosa que conozcan actualmente.**

Los Desafíos de los Tiempos Finales

Ahora, en lo que respecta a esta última parte de nuestras *Enseñanzas Energéticas*, esta sección que titulamos los Desafíos de los Tiempos Finales, permítannos proporcionar primero una breve introducción. Aquí presentamos cuatro secciones junto con ejercicios para despertar una comprensión y experiencia más profunda y amplia de la transición y transformación de su planeta y civilización, y lo que están experimentando en este momento de su historia.

Decimos a todos los que leen esta última parte del libro que presentamos este material no para asustarlos, sino más bien para inspirarlos y alentar su conciencia interior para llegar a una comprensión más amplia de sí mismos como individuos, así como una comprensión mayor del rol colectivo en este tiempo de cambio, la desintegración de antiguos patrones de pensamiento y nuevas formas de ser en su vida cotidiana.

Para que cualquier individuo o grupo de individuos sobreviva y prospere durante este desenlace de los patrones de vida individuales y sociales, deben confrontar la parte más profunda de su conciencia interna y liberar el tapiz de la estructura su ego. Las dos primeras partes del libro abordan estas inquietudes. Permítannos proporcionar ahora una descripción general, que muchos de ustedes ya perciben.

Lo que experimentan en todo el mundo es la tecnología destructiva, los sistemas sociales autoritarios y la falta de valores humanos para guiar la dirección de una sociedad. También falta la orientación para cultivar una vida interior que los conecte a ustedes y a sus semejantes con reinos y dimensiones de experiencia que en última instancia son la realidad de su herencia natural. Estas condiciones son algunas de las razones que están causando que su civilización se desmorone en este momento. Sin embargo, la desintegración no se debe únicamente a estas condiciones actuales. Los patrones de este colapso se han estado desarrollando intensamente durante los últimos quinientos años en todo el mundo. Fue su revolución industrial de hace ciento cincuenta años la que aceleró intensamente la condición de su civilización hasta el punto en que se encuentra en este momento.

Todo lo que los seres humanos han desarrollado en los últimos diez mil años lleva al desequilibrio extremo que está destruyendo el mundo natural, especialmente debido a la superpoblación humana. La creación de instrumentos extremos de guerra y control autoritario puede, de hecho, reducir el planeta a un nivel de destrucción donde los seres humanos y la mayoría de la vida animal desaparecerán. Si esto sucede en su totalidad o en parte será el resultado de la locura colectiva que domina sus vidas en los próximos años. Muchas personas con pensamientos y sentimientos claros ven lo que se avecina. Inclusive, muchos están lanzando la advertencia, pero pocos escucharán, y aún menos serán los que sepan qué hacer o cómo responder a nivel personal o colectivo.

En todo su mundo hay grupos de individuos que están comenzando a prepararse para esta devastación. Nuestro mensaje para ustedes, que leen esto, es que queremos que lleguen a un conocimiento interior y una escucha interior, y sean ayudados por la comprensión y prácticas que proporcionaremos para ayudarlos a formar parte de la transformación y evolución de su especie. Buscamos ayudarlos a entrar en armonía, equilibrio y profunda conexión con todos los seres que habitan este reino llamado Tierra.

El desafío más grande para cada uno de ustedes será aprender a trascender el miedo, la turbulencia, el caos y la destrucción que es presagio de aquello que ha evolucionado muchas veces en su planeta. En un pasado lejano, la humanidad llegó a este punto de crisis y falló muchas veces. Se necesitan cientos de miles de años para evolucionar a una civilización que permita a una especie trascender su forma física y entrar en un sistema de realidad expansivo e interconectado con todos los seres y formas de energía. Dentro de la evolución de la civilización de su mundo, sus místicos y maestros avanzados han llegado a este punto de transformación, pero el paso más allá de ellos no ha permeado en la población más amplia. Cuando esta penetración de enseñanza y experiencia no ocurre en una civilización, el aislamiento individual crea una dominancia estructural del ego y generalmente termina como está terminando en este período de tiempo en el que ahora viven. Como han experimentado, el ego esencialmente se separa y se cubre con un tapiz de protección. Los individuos y las culturas tejen a su alrededor su tecnología y barreras sociales de separación y dominación. Esta separación promueve la dominación de los hombres sobre las mujeres y de los seres humanos sobre el medio ambiente, y la destrucción mutua en la guerra por ganancias económicas y poder.

La oportunidad y el desafío para ustedes es dejar de lado su vida de aislamiento. Renuncien a su aparente abandono y aislamiento, no solo a nivel físico, sino a nivel metafísico. Permítanse ir y descubrir dentro de ustedes una liberación del tapiz de su ego y experimenten una expansión de la conciencia. Esta liberación los guiará, los mantendrá alejados de la ansiedad y el miedo, y abrirá los canales del Amor, la Bondad, la Gratitud y la Compasión hacia ustedes mismos y hacia los demás. Al hacer este trabajo, serán guiados hacia grupos afirmativos que proporcionarán un círculo de energía y un lugar para desarrollar sus dones espirituales y su seguridad en medio del caos. Las prácticas que hemos proporcionado en las dos primeras partes del libro les ayudarán a sobrevivir y prosperar en medio de la tormenta creciente.

En las cuatro secciones siguientes, describiremos la naturaleza de los tiempos que están enfrentando y lo que les depara a ustedes y a su mundo.

Proporcionaremos el significado de por qué habrá cambios significativos en el medio ambiente del planeta.

En últimas, queremos que comprendan el significado espiritual de los finales y los comienzos y cómo estos dos ocurren simultáneamente.

Finalmente, la última sección se centrará en la promesa o posibilidad de un nuevo mundo y un nuevo patrón de convivencia en el planeta. Hablaremos de la aparición del despertar de una entidad verdaderamente humana que encarna una nueva conciencia y percepción de la realidad.

En cada una de estas secciones proporcionaremos prácticas apropiadas para su desarrollo y las condiciones y circunstancias que puedan experimentar individualmente.

Comencemos con la **Naturaleza de los Tiempos Venideros**.

La Naturaleza de los Tiempos Venideros

Comprender el Primer Desafío

Es muy fácil para cualquiera que tenga cierto grado de conciencia entender que las condiciones en el mundo son extremadamente desafiantes y desconcertantes. Las personas de todo el mundo están siendo llevadas a dos marcos de existencia separados. Hay aquellos lo suficientemente privilegiados como para vivir en sociedades económicas que funcionan razonablemente bien y aquellos que viven en la pobreza, la guerra, la hambruna, la devastación climática y terrestre, y/o están bajo un dominio político y social severo. Tanto los privilegiados como los desfavorecidos enfrentarán cada vez más la descomposición y el colapso de una sociedad funcional que no podría considerarse normal en ningún sentido de esa palabra.

Lo que se vuelve cada vez más difícil y causa un gran daño y sufrimiento es la creciente destrucción del clima y el medio ambiente. Las condiciones climáticas destructivas serán un fenómeno creciente en el mundo. Terribles condiciones de catástrofe ambiental extraordinaria aumentarán. En muchos países, el surgimiento del autoritarismo y el inicio de la guerra civil interna se intensificarán a medida que las personas se dividen en torno a sistemas de creencias ideológicas para buscar seguridad y protección por parte de sus líderes.

Para muchas personas, estos tiempos parecen dramatizar los últimos días, como se describe en su Biblia y en muchos otros documentos proféticos en diferentes religiones y sociedades de su mundo. Pero estos últimos días también están siendo descritos por los científicos como sin precedentes: las temperaturas debido al calentamiento global aumentarán en todo el mundo, con huracanes masivos, terremotos, derretimiento rápido del hielo en el Ártico y la Antártida, aumento de los niveles de agua del océano que inundarán ciudades costeras, creando incendios, sequías y destrucción en ciudades, así como suministros limitados de alimentos en todo el mundo.

Sabiendo que las sociedades y las condiciones de la Tierra se están desmoronando y causando estragos en las personas de todo el mundo, ¿qué significa todo esto para ustedes ahora y en un futuro cercano?

Sabiendo que las sociedades y las condiciones de la Tierra se están desmoronando y causando estragos en las personas de todo el mundo, ¿qué significa todo esto para ustedes ahora y en un futuro cercano?

Entiéndase que estas condiciones, en particular aquellas relacionadas con el cambio climático que causan sufrimiento por incendios, inundaciones, huracanes, sequías y hambruna, son el resultado de la falta de elecciones positivas y humanas y la falta de genuino cuidado por los demás y el medio ambiente. Todo este sufrimiento no ha surgido solo en los últimos 150 años de industrialización; se ha estado desarrollando durante siglos.

La mayoría de quienes leen este libro conocen estas cosas que hemos descrito porque las están experimentando. Lo que se necesita de ustedes ahora es reconocer cómo personalmente y en la sociedad particular en la que viven han contribuido a esta creciente destrucción y a la agitación política y social que está causando un miedo masivo y acciones reactivas.

Preparación para la práctica

Nuestra primera práctica antes de continuar con este análisis es que dejen de leer y exploren las siguientes preguntas y reflexiones. Es posible que no tengan respuestas completas o consideraciones para estas preguntas y reflexiones, pero los guiaremos en los días venideros para reflexionar sobre ellas y explorar su parte a fin de liberar los patrones inconscientes que los conectan con el patrón más grande que está creando las condiciones actuales de colapso y destrucción. Mientras consideran estas preguntas, sepan que estamos presentes con ustedes. Su respuesta a estas preguntas no es un juicio sobre ustedes; más bien, es un medio para liberar los hilos inconscientes del tapiz de su ego.

1. *¿Qué creencias y juicios han hecho sobre ustedes mismos y los demás a medida que han percibido y absorbido* la situación decadente en el mundo? ¿Cuál es su respuesta y reacción hacia las personas que rodean su vida y la forma en que responden a lo que está ocurriendo?

2. *¿Se sienten limitados y congelados*, mirando "cosas" de manera que todo, personas, animales, árboles, lagos, países y más, tienen poco o ningún impacto en ustedes porque también son solo "cosas" con las que hay que interactuar o evitar?

3. *¿Sienten una ansiedad flotante* de que podrían quedar atrapados, por ejemplo, en un incendio o huracán? ¿O de que alguien podría dispararles repentinamente en una tienda o escuela sin motivo? *¿Viven con un creciente temor* de que nunca están seguros?

4. *¿Ocultan las noticias* y eventos a su alrededor? ¿O *se dejan consumir* por los medios de comunicación? ¿O *pretenden* que nada les sucederá?

Este primer conjunto de preguntas les permite considerar cuánto temor, negación y/o desconexión tienen realmente del mundo que los rodea al absorberse en experiencias sublimadas como la televisión, las redes sociales, los juegos informáticos, el alcohol, la pornografía, las drogas, el deporte, diversas actividades sociales, conciertos de música, exceso de trabajo, y así sucesivamente. Estas distracciones les impiden sentir y ver lo que está sucediendo dentro de ustedes y a su alrededor, con los demás y con el mundo en general en este momento de colapso.

Las siguientes preguntas son:

5. *¿Cuál es su contribución* a la ira, la reacción y la confusión que ocurre en su entorno personal en relación con las noticias políticas, sociales y de consumo que les rodea todos los días?
6. *¿Qué elecciones están haciendo* que influyen en a su entorno mental y emocional al condicionarlos a ser arrastrados y consumidos por la negatividad de amigos, familiares, trabajo y el área del mundo, país y lugar de origen que les rodea?

El último conjunto de preguntas los hace examinar cuánto están influenciados y condicionados por sus creencias, pensamientos, emociones, personas, medios de comunicación y situaciones que los rodean en cada momento de su día y noche. También les hace considerar cómo se están separando de su vida interior en lugar de crear acciones y energía positivas para dar a las personas y situaciones que los rodean. Queremos que examinen a las personas y grupos con los que se asocian. Pregúntense si apoyan una conciencia positiva o fomentan reacciones negativas que, por lo tanto, los hacen separar de las personas y situaciones que los rodean, ya sea por miedo o enojo o algún otro estado emocional.

Tomen estas preguntas y sus reflexiones en serio porque, en verdad, estas preguntas determinarán las condiciones inmediatas que enfrentarán en este caos que está explotando y cambiando rápidamente a nivel local y mundial. Más importante aún, estas preguntas pueden ayudarles a descubrir el potencial de su capacidad para contribuir a una transformación radical de su percepción y realidad, o no. Enfrentar estas preguntas y problemas les permitirá vivir y moverse a través de estos tiempos caóticos sin miedo. También hallarán una verdadera seguridad interna y externa y se moverán dentro de un asombroso flujo de energía para ayudar a otros a enfrentar condiciones que les parecen abrumadoras. Por último, confíen en que estamos con ustedes, ayudándoles a enfrentar y mantengan una mentalidad abierta ante estas preguntas y condiciones. Vuelvan a estas preguntas y reflexiones una y otra vez. Les daremos indicaciones internas para hacerlo. Continuemos ahora con nuestra exposición.

¡Los tiempos venideros son los tiempos actuales! En otros lugares hemos descrito, y otros también lo han hecho, que el año 2016 fue un punto de inflexión negativo en países de todo el mundo. Esto en cuanto a condiciones políticas, sociales y ambientales que acelerarían rápidamente el caos, que comenzó en la década de 2020. A principios de la década de 2020, la agitación masiva, especialmente en el medio ambiente, será devastadora en todo el mundo. Terremotos, erupciones volcánicas y tormentas masivas eliminarán ciudades y cultivos. Habrá erupciones de gases en el Ártico diez veces más peligrosas para el medio ambiente que el carbono producido por el carbón, el petróleo y el gas natural. Este gas ártico causará cambios extremos de temperatura, lo que hará que sea más difícil vivir en muchas áreas del mundo. La combinación de carbono y gases de permafrost creará temperaturas tan altas que los seres humanos y los animales ya no podrán vivir en vastas partes del mundo. Las enfermedades de todo tipo comenzarán a barrer el planeta y habrá poca capacidad para detenerlas.

Enfrentar todo esto exigirá un tipo diferente de fuerza y valentía, y un fuego interno de una nueva conciencia. Las dos primeras partes de este libro están destinadas a ayudarte con esta preparación interna. Nuevamente, no decimos estas cosas para crear temor ni traumas. En un sentido muy real, si estás leyendo esto, ya sabes o sientes la magnitud de lo que está ocurriendo a tu alrededor.

Tu trabajo y preparación consisten en liberar el miedo del tapiz de tu ego y aprender a escuchar y actuar desde un lugar de conocimiento interno, conciencia y guía. Si percibes una condición o entorno que podría ser negativo o destructivo para ti y para aquellos a quienes amas, puedes ser guiado hacia un lugar de seguridad y apoyo para tus necesidades.

Ahora es el momento de ser muy serios y comprometidos con tu conciencia interna y generar una percepción diferente de la realidad en la que la mayoría de las personas a tu alrededor están inmersas. Cuando miramos desde fuera de tu tiempo y espacio, vemos un gran sufrimiento, indiferencia y un control social masivo de las poblaciones de todo el mundo tratando de responder a este colapso. Personas autoritarias y militares tenderán a gobernar el mundo. Dado el gran número de bombas nucleares que ya existen, la posibilidad de un evento nuclear masivo es muy real. Este evento podría eliminar a millones de personas y dejar vastas secciones de la tierra inhabitables debido a la radiación. El momento de todos estos eventos estará regido por millones de decisiones individuales que llevarán las cosas a un clímax u otro. Si no tienes un sistema de guía interno, las cosas pueden ser muy difíciles para ti.

Ahora, también diremos que este colapso de la civilización en el caos puede allanar el camino para que surja una nueva especie en el planeta. Tú, sí, tú estás en el planeta en este momento para ayudar a fomentar una frecuencia más elevada de especie humana que vive desde el mundo interior de la energía del corazón-mente. Las prácticas energéticas del corazón que hemos proporcionado te permitirán no solo sobrevivir, sino también prosperar en este tiempo de finales y nuevos comienzos. Hablaremos más sobre esto en otra sección.

Basta ya del aparente pesimismo y desesperación. Sí, enfrentarás tiempos difíciles por venir, pero puedes ser sanador, líder o compañero de aquellos que están luchando, despertando tus propios dones, conocimiento interno y experiencia para ser parte del camino hacia la emergencia de un nuevo mundo. Durante este período difícil en el que te encuentras, crecerás, evolucionarás y descubrirás talentos y poderes que nunca supiste que tenías. Si estás leyendo este libro, estaremos presentes para apoyarte y guiarte a través de estos tiempos desafiantes. Simplemente invócanos y estaremos presentes para ti. Este tiempo de desafío en realidad será un tiempo liberador para ti si estás dispuestos a vencer el miedo, soltar y confiar en el paisaje interior de tu propia mente y corazón.

A medida que vivas cada vez más en tu corazón sin miedo, encontrarás personas que piensan de forma similar para crear un entorno de paz y sanación dentro y alrededor de ti.

Práctica en parejas

Para ello, la práctica básica que te instaríamos a hacer diariamente es seleccionar una práctica de los cinco pilares del Amor y una práctica de las cinco Piedras Fundamentales para la Vida Diaria, y emparejarlas juntas y practicar ambas con una fuerte intención durante una semana. Al final de la semana, escribe lo que aprendiste al combinar estas prácticas. En la semana siguiente, empareja otras dos y practícalas juntas. Escribe tus aprendizajes al final de esa semana. Continúa haciendo esto semana tras semana. Estaremos trabajando contigo para apoyar tu compromiso e intención.

Esta práctica y reflexión realizada con dedicación y nuestro apoyo no solo liberará los hilos del tapiz, sino que abrirá el portal del Amor dentro de ti. También activará tus dones internos como la sanación, la telepatía, la capacidad de ver el futuro, sentir cambios en los patrones climáticos, activar la sincronización interna para la acción y el movimiento para la seguridad, encontrar alimentos y mucho más. Necesitarás todas estas capacidades y más en los días y años venideros, y estos dones son los que harán brotar al nuevo ser humano del que hablaremos en la última sección.

Practica por tu propio bien, por el bien de tus seres queridos y por aquellos en tu esfera de influencia. Debes saber que te apoyaremos, ayudaremos y alentaremos tus dones.

El Significado de los Cambios Medioambientales del Planeta

Comprender el Segundo Desafío

¿Deberíamos comenzar ahora con la segunda sección?

Sí, David, pero primero hablaríamos de tus desafíos personales tal como describimos los desafíos al lector en la última sección. Nos gustaría que incluyas esto al comienzo de esta sección, ya que creemos que ayudará al lector a comprender tus desafíos, así como los suyos.

Recuerda, tiendes a percibir, intuir y comprender los elementos y dimensiones más grandes de este período de colapso de la civilización. Pero tu postura emocional todavía no está firme dentro de ti. También debes considerar las preguntas que planteamos y las prácticas que sugerimos en la discusión inicial. El tono del mensaje en esa sección es que, dada la rapidez del colapso en todos los niveles de las condiciones individuales, sociales, políticas y ambientales, debes tomarte muy en serio tu preparación interna. Te pedimos lo mismo que le solicitamos al lector que trabajará con este material. Debido a que el tiempo hacia el caos creciente es corto, debes trabajar con tus emociones y sentimientos, y también con tu intelecto. La práctica constante es vital para ti.

Durante la caminata en el silencio del bosque hoy, sentiste miedo. Te sentiste vulnerable y tenías ansiedad por estar solo y preguntándote qué harías si alguien te atacara en ese lugar. Esa experiencia demuestra que no estás listo para operar en un nivel superior de conciencia cuando las amenazas rápidas se te presentan. ¿Estás dispuesto a abrirte a ser asesinado si ese fuera tu destino en un momento dado? Tu miedo a la muerte todavía está arraigado profundamente en ti. Este es uno de tus principales desafíos.

Confiamos en que fortalecerás tu intención y te tomarás en serio el material y las prácticas en estas cuatro secciones. Entonces, comencemos.

En esta sección, queremos enfocarnos en el significado, propósito y aprendizaje sobre el hecho que los cambios ambientales que están ocurriendo en el planeta se acelerarán en un futuro cercano.

Tu Tierra siempre ha experimentado cambios pequeños y grandes en su medio ambiente a lo largo de cientos de miles de años. Has tenido edades de hielo que cubrían la mayor parte de Europa y América del Norte en los últimos quince mil años. Hace sesenta y cinco millones de años, cuando el asteroide golpeó la península de Yucatán, todos los mamíferos de menos de un pie de longitud dejaron de existir. En muchas ocasiones, explosiones volcánicas masivas oscurecieron el planeta durante años, matando a muchas especies de animales y plantas. Podríamos seguir describiendo muchos más de estos cambios de gran magnitud, pero muchos de quienes leen esto están bien informados sobre estos eventos y más. Damos esta muestra para indicar que tu planeta ha experimentado un enorme caos ambiental y desequilibrio en su pasado, influyendo en su proceso de evolución natural.

Lo que es significativo en este período de cambio ambiental es el resultado de la actividad humana. Por ejemplo, a mediados del siglo

XIX, la población humana del planeta era de aproximadamente mil millones de almas. Los humanos estaban dispersos en muchos continentes. Allí se dio la aceleración de la revolución industrial. En poco más de ciento cincuenta años, el planeta ahora soporta a más de ocho mil millones de humanos, lo que en sí mismo es un factor estresante significativo en todo el planeta. La temperatura de la Tierra desde mediados de 1800 está aumentando a un nivel amenazante. Esto es el resultado de la industrialización basada en el descubrimiento y uso del petróleo, que produce carbonos que contaminan la atmósfera. Esta contaminación retiene el calor y mata a personas, animales, bosques, selvas y rompe la intrincada interacción entre los diversos elementos del sol, el agua, el aire y la tierra para mantener el equilibrio natural del planeta.

Nuevamente, la mayoría de ustedes sabe y entiende que estas fuerzas del cambio climático, la superpoblación y la destrucción del hábitat, junto con la confrontación militar, la amenaza nuclear y la guerra cultural interna están destruyendo su mundo y su posibilidad de lograr un cambio creativo y positivo real en el futuro. Metafóricamente, están atrapados en el borde de un precipicio sin a dónde ir.

La cultura de la que nosotros Tres venimos hace miles de años es un ejemplo de este borde del precipicio. Nuestra civilización existió antes de que las placas tectónicas se separaran en la región actual del Océano Índico y el Océano Pacífico y permanecieran conectadas, a pesar de ello, como parte de un inmenso continente. Ese período en la historia de la Tierra comprendió una destrucción horripilante a medida que las placas de tierra se separaron y grandes masas terrestres se hundieron en los océanos recién formados. Con el tiempo, a medida que progresaban los terremotos y la actividad volcánica, nuestra civilización enfrentó condiciones desafiantes que eran similares a lo que enfrentan hoy. Personas como las de sus sistemas gubernamentales, científicos, tecnológicos, sociales y políticos entraron en conflicto entre sí y no reconocieron la inminente perdición. Las formas combinadas de pensamiento negativo, poder, control y codicia de esta red mental produjeron una respuesta en la Tierra para crear una destrucción masiva de volcanes y terremotos. Esto destruyó nuestra sociedad. Sin embargo, hubo muchas personas, como nosotros, que aprendieron en el desarrollo temprano de nuestra cultura que la vida en la Tierra era un campo de entrenamiento para desarrollar altos niveles de conciencia y habilidades de energía mente-corazón. La creciente destrucción inminente del suelo en el que vivíamos, así como nuestra civilización colapsada, nos impulsó a trascender nuestros cuerpos y vivir conscientemente en una dimensión por encima de la tercera dimensión de este plano terrestre, donde se estaba formando esta destrucción.

Nuestro propósito entonces, como lo es contigo hoy, es ayudar al aprendizaje humano a trascender y vivir "por encima" de la existencia tóxica y negativa en la que vives. Esto no significa que de repente trascenderás a otra dimensión. Aunque ese impulso interno de trascender tu propia estructura del ego es el trabajo que te llama, ese mayor trascender requiere una gran intención, práctica y habilidad. Lo que hemos proporcionado hasta ahora es el trabajo básico para tu evolución consciente. "Vivir por encima" significa desarrollar tus capacidades energéticas y tu percepción, y liberar el tapiz de tu ego para que puedas acceder a las funciones de energía superior. Aprender estas cosas no es solo algo interesante de hacer. El colapso de la Tierra, incluidos sus sistemas sociales y valores fundamentales, requiere que, si quieres sobrevivir, crecer y evolucionar, debas asumir este trabajo de desarrollo energético.

El significado de este período de colapso de la civilización y de reequilibrio ambiental del planeta te brindará la oportunidad de acelerar tu evolución espiritual, psicológica y psíquica.

Cuando este planeta se desequilibra de alguna manera, siempre hay una reacción innata para volver a armonizar el proceso evolutivo. La Tierra misma siempre permanece, incluso cuando parece devastada. Lo que está sucediendo ahora en el planeta es un "sacudón" desesperado para desalojar la actividad mental, emocional y negativa que los humanos han creado. Esta red mental mundial de negatividad, avaricia y destrucción está creando esta reacción más amplia de la Tierra, que, incidentalmente, para aquellos que están listos para responder, abre los canales del corazón para evolucionar. A algún nivel, el que estés leyendo esto indica que estás abriendo tu canal del corazón. Vives en medio de la convulsión de este planeta. La realidad es que el planeta trabaja en conjunto con los humanos y otros seres a un nivel espiritual y no físico en tiempos de colapso ambiental para desarrollar otra dirección evolutiva. Esa dirección no está en el nivel físico externo. El planeta, la entidad de energía espiritual de la Tierra, se encarga de "sacudir" físicamente el entorno para el reequilibrio. Los humanos que se dan cuenta que deben acelerar el desarrollo interno están en resonancia con el espíritu de la Tierra para evolucionar su especie. Individuos y grupos están utilizando esta tensión de destrucción para evolucionar rápidamente. Estas personas, de hecho, grupos en todo el planeta que están respondiendo de esta manera, están experimentando nuevos flujos de energía y aceptando nuevos dones que emergen en su interior. Estos individuos y grupos no están tratando de cambiar los eventos, sino de cambiar su propio rumbo y el de la evolución humana.

Describiremos con mayor detalle esta evolución al final de esta tercera parte. La pregunta que te hacemos ahora, sin embargo, es esta: ¿Estás utilizando el colapso para transformarte a ti mismo y avanzar en la evolución de tu especie?

¿Comprendes el impacto en ti de la naturaleza de la fuerza, la energía, la increíble tensión de los eventos que te rodean? ¿Comprendes que los eventos que se desarrollan en el mundo, tanto negativos como positivos, tienen incidencia en la evolución de los humanos hacia una conciencia diferente? También en tu llamado interno está la invitación a convertirte conscientemente en parte del vasto sistema multiuniverso.

La supervivencia y la conciencia van de la mano para producir la evolución. A través de su tecnología implacable, la superpoblación y la constante guerra destructiva, tu especie ha creado un entorno y una estructura muy compleja que ya no pueden sostenerse.

La complejidad está causando su destrucción como especie. Solo el desarrollo de la conciencia, junto con el uso individual y colectivo de la energía del Amor como lo hemos descrito en secciones anteriores, permitirá a la especie alcanzar un punto máximo de evolución. Si se alcanza, este punto máximo de evolución puede crear armonía, libertad y la capacidad de detener y trascender este dilema societal humano en el que la muerte, la destrucción y las ideologías atrapan la mente y el corazón para repetirse de sociedad en sociedad y de generación en generación.

Para resumir lo que te hemos estado describiendo: millones de elecciones, tanto externas como internas, hechas por los humanos, han llevado a la especie a este punto crítico en su ciclo de vida de evolución y desarrollo. Ninguna idea, estructura o líder específico te llevó a este momento de encrucijada. Estás presenciando un gran cambio de estado en la especie. O bien los humanos liberarán estos patrones retorcidos de conciencia construidos en torno a la avaricia, el poder y el control (sobre otros humanos, la naturaleza y los sistemas interconectados que mantienen el equilibrio de la vida), o la especie dejará de existir. De todas las civilizaciones que han surgido y caído en este planeta, este colapso actual podría poner fin al experimento humano aquí. O podría saltar el abismo y crear un tipo diferente de humano y un planeta diferente. Tú, que estás leyendo esto en este momento, eres parte de esa elección. En aras de hacer una elección personal, te pedimos que consideres lo siguiente.

Práctica

Nos gustaría que asumas una práctica diaria para explorar y decidir sobre las opciones que tienes ante ti.

En respuesta al resultado de la complejidad de tu civilización y su modo de expresión externo, nos gustaría que examines diariamente las elecciones que estás haciendo en cada parte de tu vida. Por supuesto, hay elecciones pequeñas y grandes que haces todos los días. Las hay sencillas, como qué eliges comer; verificar mensajes en tu teléfono celular; ver diferentes programas en la televisión; hablar con miembros de la familia; escuchar, ver o leer noticias. O la elección puede ser meditar, hacer prácticas espirituales. Otras elecciones que haces podrían ser compararte y juzgarte a ti mismo y a los demás, enojarte con el gobierno o los políticos, ofrecerte como voluntario para ayudar a las personas, beber alcohol, consumir drogas, enfocarte en diferentes formas de entretenimiento, ser justo y honesto en tu trabajo, socializar con amigos, reaccionar con miedo hacia las personas a las que llamas enemigos, enojarte, entristecerte. La lista de elecciones diarias es interminable.

Todo lo que deseamos que hagas con esta práctica es observar las elecciones que estás haciendo, sin cambiar ninguna de ellas ni juzgarte a ti mismo por tus elecciones.

Sugerimos que, al comienzo de este ejercicio de observación, establezcas un momento antes de ir a dormir para revisar tu día y recordar las elecciones que hiciste a lo largo del día. No hay juicio sobre tus elecciones ni sobre nada que hayas hecho o no durante el día.

Si realizas esta práctica durante un par de semanas, comenzarás a notar que serás más consciente de tus elecciones a medida que las haces. *Ser el observador es el primer paso para hacer diferentes tipos de elecciones.* Si te tomas en serio realizar las prácticas energéticas que hemos proporcionado en este libro, tus observaciones y la conciencia natural de las elecciones comenzarán a cambiar de manera natural y automática el qué, cómo y por qué harás diferentes elecciones y te llevará a una relación diferente de armonía con los demás a tu alrededor y con el espíritu de la Tierra misma.

Esta sencilla práctica de observar sin juzgarte a ti mismo te enseñará no solo sobre tus elecciones, sino también cómo ser libre. Aprender a no juzgarte a ti mismo por tus elecciones y cambiar naturalmente a diferentes elecciones te servirá para aprender a experimentar una verdadera conciencia, liberar más del tapiz de tu ego y generar una mayor evolución de tu verdadera naturaleza.

El Significado Espiritual de los Finales y Comienzos

Comprender el Tercer Desafío

*E*sta tercera sección se enfoca en el significado espiritual de los finales y comienzos. Elegimos este título porque el mundo exterior claramente parece estar llegando a su fin y hay esperanza en muchas personas en que de alguna manera pueda haber un nuevo comienzo. Si nos mantenemos enfocados en todo el caos y la confusión actual, las cosas no parecen esperanzadoras. De hecho, muchos científicos y tecnólogos en tu mundo creen que necesitan un plan de escape para la raza humana, ya que el potencial de destrucción total les parece cierto. El plan de escape es llevar a los humanos a Marte para que de alguna manera la especie humana aún tenga el potencial de sobrevivir. Sin embargo, las posibilidades que esto suceda son muy pequeñas, dado lo rápido que están ocurriendo los efectos del cambio climático masivo.

Las cosas en tu mundo pueden parecer drásticas, pero un nuevo comienzo para la humanidad comenzará aquí en la Tierra, no en otro planeta.

Entonces, ¿a qué nos referimos con finales y comienzos "espirituales"?

Todos sus maestros espirituales y místicos a lo largo de los siglos siempre han dicho que habrá un gran cataclismo que sacudirá al mundo hasta su núcleo. Esta advertencia en la tradición védica se conocía como el Kali Yuga. En la Biblia cristiana, el Profeta Juan en el Libro de las Revelaciones vio a los Cuatro Jinetes del Apocalipsis. Los Hopi y muchas enseñanzas indígenas en los hemisferios norte y sur hablaron de estos tiempos finales. A lo largo de los tiempos, muchas personas y grupos sintieron, vieron y proclamaron un período apocalíptico de calamidad masiva en la Tierra. Todas estas tradiciones e imágenes proféticas hablan de una purificación del mundo y el regreso del mundo verdadero y el verdadero ser humano.

Cuando se habla de un final importante del "mundo", también se revela un nuevo camino para la humanidad. Sin embargo, el camino no es evidente en medio de la agitación y destrucción que rodea al final. Todas estas tradiciones hablan de almas antiguas que llegan en este momento; es decir, seres que vienen al mundo en este momento para preparar a otros para el nuevo camino y el nuevo comienzo de la humanidad. Estas almas antiguas, podríamos decir, son humanos que han despertado a la conciencia de su verdadera naturaleza y al conocimiento de las energías del Amor. Han venido a ser los maestros y guías de aquellos que pueden escuchar y percibir un nuevo camino.

No obstante, debes reconocer que el camino de un nuevo comienzo solo se ve hasta donde la conciencia pura puede ver. Muchos verán unos pocos pasos adelante, pero las almas antiguas enseñan que en realidad construyes el nuevo camino a medida que lo descubres con otros. Ver el camino individual y conjuntamente es aprender a salirse del tiempo y el espacio y ser capaz de percibir lo que está por venir.

En la Piedra Fundamental de la Liberación de Viejos Patrones, dimos una práctica de ir al pasado y al futuro para perdonar, sanar y cambiar la dirección del mapa tiempo-espacio. Sin una iniciación clara por un sabio maestro del alma, es difícil salir completamente del tiempo-espacio y ver claramente los eventos del pasado y del futuro. La práctica de Liberación se centró en intentar mirar siete generaciones en el pasado y siete generaciones en el futuro. Algunos de ustedes que hicieron esa práctica pueden haber desarrollado las habilidades para avanzar 175 años y ver las consecuencias de las elecciones que se están haciendo hoy. Ver claramente también implica percibir las innumerables elecciones que se hacen en cada paso de ese camino temporal. Al mirar hacia atrás 175 años, comenzarás a ver los resultados de la miríada de elecciones negativas e inconscientes que han creado su mundo actual. El valor de esa práctica es darse cuenta de que mirando hacia adelante y hacia atrás se puede empezar a comprender la magnitud de muchas elecciones individuales y colectivas.

Para hablar de finales espirituales, necesitamos discutir la noción de karma. El entendimiento simple del karma es que las elecciones y acciones tienen consecuencias. La noción del karma es que no es un conjunto de acciones lo que produce consecuencias, sino muchas, muchas acciones llevadas a cabo tanto consciente como inconscientemente que conllevan a alguna consecuencia percibida. Sugerimos que lo importante de la idea del karma es que es una red que nunca se puede entender ni explicar. Es como el tapiz de tu ego que tiene una multitud de hilos tejidos juntos creando patrones dentro de patrones. Liberar el tapiz de tu ego requiere de una intención con demasiada concentración y de apertura a tus condiciones kármicas para transformar y liberar el "Yo" que domina tu separación de la realidad. La consecuencia de cualquier acción kármica es reducir la experiencia propia a una visión estrecha de la existencia. La función del karma es contraer la realidad de una persona e interrumpir la experiencia de expansión y conexión con toda la existencia y, por lo tanto, desarrollar el tapiz de ego autoconstruido.

El comienzo de tu nacimiento cuando sales del vientre de tu madre es una experiencia de abandono y separación. Esto es tanto una experiencia psicológica como espiritual para el bebé. El desafío de la experiencia al regresar al reino humano es ser separado de la infinitud, de la conciencia que uno está contenido en la unidad y la completitud. El trauma del nacimiento es la primera lección kármica. Uno ha regresado no como una pizarra en blanco, sino como un ser que ha traído condiciones de encarnaciones anteriores que proporcionan su sanación y la oportunidad de descubrir y despertar de nuevo a la realidad infinita. Cada elección, acción y respuesta tanto en el niño como en quienes lo rodean crearán proyecciones mutuas de Amor, confianza, dolor, duda y una serie de otras características que se incorporan en el alma. Estas proyecciones del niño en el mundo y las proyecciones de los padres y otros en el niño determinarán la condición interna y externa del camino hacia un nuevo comienzo. Cada uno de ustedes ha experimentado este proceso. Para algunos puede haber parecido fácil, para otros muy difícil. A través del nacimiento y el proceso de proyección (que continúa a lo largo de la vida), el karma antiguo que han traído a esta vida junto con el don interior que necesita despertar para encontrar su camino interior son las condiciones que conforman su experiencia de vida en este momento.

La mayoría de ustedes ha luchado tanto para sanar el karma que trajeron a esta vida como para descubrir cuál es su verdadero don que los coloca en su camino único. La buena noticia en este período oscuro es que ustedes se encuentran en la tensión fundamental interna y externa que puede despertar y abrir la conciencia y la comprensión del karma que necesita ser liberado y la realización de los dones únicos que estaban destinados a expresar en este momento. Es por esta razón que eligieron vivir en el planeta en este momento. El fin y el comienzo de un viejo mundo que muere y la posibilidad de que surja una nueva humanidad revelan la razón espiritual de su existencia en este momento del tiempo.

Cada uno de ustedes tiene esta oportunidad espiritual de despertar y embarcarse en un nuevo camino en su vida. Creemos que cualquier ser consciente se abrirá a este nuevo camino si está dispuesto a liberar el karma antiguo y abrirse a la nueva posibilidad que llevan dentro. En esta liberación del karma hay un camino de libertad interna y expansión hacia la verdadera naturaleza de la existencia.

Vemos en ustedes mientras leen ahora que hay un recuerdo, una lucha, un anhelo y una duda porque su vida realmente pudiera ser diferente. Temen que nunca descubrirán su don ni el verdadero significado de su vida. Pero la chispa interna que está creando estas maquinaciones del ego conoce la verdad, desea la verdad y ansía ser liberada tanto de su pasado como de un futuro incierto y aparentemente oscuro. Es difícil disuadirlos de estos sentimientos hasta que comiencen directamente a experimentar esta liberación de su prisión de oscuridad interna. Recuerden, la oscuridad no es real. La oscuridad es la cubierta del tapiz de su ego que los mantiene atrapados en una falsa representación de su verdadero potencial.

Las personas que viven en este momento morirán debido al karma no liberado. Otros intentarán escapar del dolor de la desesperación y la depresión a través de una multitud de consumos compensatorios solo para regresar a alguna existencia e intentar aprender la verdad sobre sí mismos. Tengan compasión por su dolor y lucha, y tengan compasión de los millones en todo el mundo que eligieron condiciones al venir a esta vida que están más allá de su comprensión. Estén agradecidos de que su karma los haya llevado a condiciones que proporcionan una oportunidad de liberación, libertad y la oportunidad no solo de crear finales, liberación y perdón de ustedes mismos, sino un nuevo comienzo para ayudar a elegir un nuevo camino para la humanidad.

Práctica

Nuestra práctica para ti es que tomes un cuaderno y escribas todos los desafíos que has enfrentado en tu vida. Recomendamos que te sientes y te relajes, medites o hagas lo que sea necesario para calmar tu cuerpo antes de comenzar este ejercicio. La intención de la relajación es tanto calmar tu cuerpo como tu mente para que puedas recordar desde tu corazón. Es tu corazón el que lleva tus lecciones kármicas, tanto desde el momento en que naciste como a lo largo de los años hasta este momento en tu vida.

Recuerda, cuando hablamos de karma, estamos usando ese término de manera simbólica para referirnos a los resultados y consecuencias de tus acciones, pensamientos e intenciones de esta vida u otras existencias.

> **Recuerda, cuando hablamos de karma, estamos usando ese término de manera simbólica para referirnos a los resultados y consecuencias de tus acciones, pensamientos e intenciones de esta vida u otras existencias.**

Después de sentarte en un período tranquilo de relajación, comienza a escribir sobre tu vida. Escribe con un bolígrafo o lápiz en lugar de escribir en una computadora, ya que la escritura a mano abre las compuertas de la memoria de manera más profunda. La fisicalidad de la relación entre cuerpo-mente-corazón traerá a la mente los recuerdos que son kármicamente importantes para ti. Como ejemplo, permite que surjan los siguientes: pensamientos e imágenes de tu familia y amigos; tus éxitos y fracasos; los malentendidos, heridas y discusiones y las personas a las que apreciaste y aquellos a los que no les agradaste. El punto aquí es permitir que tu corazón evoque cualquier cosa que "necesite" surgir en este momento.

Durante todo el tiempo que pases escribiendo cada evento, persona o situación, di "Gracias" y toca tu corazón con tu mano libre. Tanto la escritura como tocar tu corazón activa la conciencia cuerpo-mente-corazón. Escribe y da gracias hasta que comiences a sentir una liberación interna y un silencio en tu interior. Cuando esto ocurra, deja tu bolígrafo, cierra tu diario o papel y siéntate en silencio, centrando tu atención en tu corazón. Tu mente puede divagar. Simplemente trae a tu mente suavemente de vuelta al sentimiento y la energía que crece en tu corazón.

A medida que la energía de tu corazón se fortalezca, pregunta a tu corazón: "¿Cuál es mi don y cuál es mi camino en el mundo?" No trates de pensar en lo que es. Descansa suavemente en la pregunta en sí misma. No esperes una respuesta mental. Puedes obtener imágenes o sentimientos o aparentemente nada. Sobre todo, no te dejes atrapar por la duda. Es posible que tengas que repetir este ejercicio varias veces. Cuando te des cuenta de tu don del corazón y tu camino, sentirás y experimentarán de inmediato claridad, conocimiento y confianza para abrirte al don y explorar y ser guiado en tu camino.

TÚ eres la respuesta a cada pregunta en tu vida.

La realidad es que cada uno de ustedes llegó a esta vida con un don y tienes un camino único para expresar ese don. Para algunos de ustedes, este ejercicio puede simplemente confirmar su don y revelar su camino. Para otros, en los días que vienen, estén abiertos a la respuesta a sus preguntas a medida que surjan naturalmente en las circunstancias de su actividad diaria. *No tengan expectativas de una "respuesta". Ustedes son la respuesta.* Confíen en que tanto el don como el camino están llegando a la conciencia consciente a través de su experiencia diaria. No es en el momento de hacer el ejercicio que descubren la respuesta. El recuerdo, la gratitud constante y el centrarse en el corazón es lo que permite ser conscientes de vivir la respuesta que son ustedes mismos.

TÚ eres la respuesta a cada pregunta en tu vida.

El gran desafío es confiar en que le darás vida a esas respuestas. Dar vida a la pregunta y la respuesta es la magia de tu vida. La magia son las sincronicidades, los eventos improbables, las personas y las experiencias sorprendentes que llegan a ti y se manifiestan de repente sin que hagas nada. Sus respuestas vendrán de encuentros con seres físicos y no físicos, con espíritus de árboles y agua, con aves y rocas, con el sol y las estrellas. Estarás pensando en alguien y esa persona aparecerá para darte el siguiente paso del descubrimiento. **Confía en que no hay una sola manera a través de la cual descubrirás tu verdadero don, tu verdadero camino y la experiencia de un auténtico despertar al mundo y a la existencia superior.**

En todas tus preguntas estaremos contigo. Llámanos, te ayudaremos. Estamos presentes en este mundo para apoyarte.

Una Nota Final

Cada ser humano es valioso, importante y está tratando de cumplir las condiciones de completar sus finales y descubrir nuevos comienzos. Ten disponibilidad para quien entra en tu vida. Esto no significa que traigas a todos a tu círculo íntimo. La *disponibilidad* significa que cada ser en algún momento de tu existencia tocó y toca tu vida, y eso puede aumentar una respuesta de tu corazón. Tu disponibilidad hacia el cajero en la tienda, la persona que no te agrada en el trabajo, tu hijo que es difícil y de mal humor, el policía que te dio una multa por exceso de velocidad y así sucesivamente son parte de tu camino y un medio para que expreses tu don.

Tu disponibilidad es la apertura de tu corazón y la entrega de tu energía y sentimientos del corazón como bendiciones a cada ser a quien tocas y quien te toca.

La energía del Amor del corazón es siempre la medicina que todos necesitan.

Se bendecido con esa medicina del corazón.

La Promesa de un Mundo Nuevo, un Nuevo Patrón de Vida y el Despertar de lo Verdaderamente Humano

Comenzamos ahora con la última sección de esta parte del libro. Hemos dado un título a esta sección relacionado con descubrir un mundo nuevo, un nuevo patrón de convivencia e incluso el despertar de lo "verdaderamente humano".

Puede parecer que estamos hablando del futuro en este título. En cierto sentido, lo estamos; sin embargo, también estamos ayudándote a comprender y reclamar para ti en este momento presente que puedes tanto descubrir cómo vivir en un mundo nuevo de experiencias, donde las relaciones con los demás están más basadas en el corazón y donde puedes despertar a tu verdadera humanidad y ser tu don para el mundo en esta vida.

Esperamos que hayas comenzado a darte cuenta a través de las primeras tres secciones de esta última parte que el don de estos tiempos finales es una gran oportunidad para liberarte de la conciencia mundana de la vida cotidiana. La amenaza de supervivencia y el miedo a un gran cambio en el planeta son parte de la creación de la energía que te permitirá despertar al potencial creativo que tienes dentro de ti y a la posibilidad de unir a las personas en tu entorno local. Esta será la oportunidad para establecer comunidades de confianza, Amor, creatividad, apoyo mutuo, seguridad y protección.

Decimos *protección* no como una noción de supervivencia, sino más bien cómo prever y tomar acciones que permitan que grupos se desarrollen y guíen a través de una verdadera evolución en el planeta.

El desafío de formar comunidades será difícil. Las antiguas formas de estructura, liderazgo y control no funcionarán; no sobrevivirán a los inmensos desafíos a corto plazo. Surgirán muchas formas de grupos que evolucionarán hacia comunidades. Estas nuevas comunidades tendrán un enfoque y una estructura diferentes. *Estas comunidades que surgirán necesitarán ser guiadas por mujeres sabias. Esto no significa que los hombres no tendrán roles de liderazgo. Lo tendrán. Sin embargo, los hombres necesitarán ser templados por la energía femenina que es la "matriz" para dar a luz una estructura y un ambiente comunitario diferente.* Esto no significa que un consejo de mujeres tome todas las decisiones y elecciones. Más bien, las mujeres sostendrán un contexto de energía y conocimiento consciente en el que una base de Amor, apoyo, intuición, sabiduría y previsión pueda ayudar tanto a apoyar a la comunidad como a proporcionar pesos y contrapesos en las decisiones y acciones y en la agresión a la que los hombres tienden tan fácilmente.

Habrá hombres y mujeres que serán videntes, sanadores, líderes ceremoniales, maestros, cultivadores de alimentos, constructores y mucho más. Todos serán necesarios para mantener una comunidad autosuficiente. Estos tipos de comunidades ya se han extendido por todo el mundo y son desapercibidos. Sin embargo, a medida que el mundo comience a oscurecerse y desmoronarse en los niveles social y ambiental, habrá más y más de estos que surgirán. Muchas de las comunidades que ya se han formado están aprendiendo las fortalezas, trampas y desafíos diarios de crear y vivir en relaciones comunales.

Las comunidades se desmoronarán cuando hombres y mujeres no logren liberar el tapiz de su ego y compitan por el control y la dominación. Las comunidades fracasarán cuando no establezcan la energía femenina en su centro. Las comunidades fracasarán cuando no haya un crecimiento fundamental y una enseñanza del desarrollo a nivel del corazón. Las comunidades fracasarán cuando no haya una mezcla de jóvenes y ancianos.

Los adultos mayores necesitarán descubrir los dones de su sabiduría y experiencia interior. Los jóvenes necesitarán ser nutridos por toda la comunidad y no solo por sus padres biológicos. Se necesitan múltiples personas que cuiden a los niños para mitigar la separación y el abandono normales que provienen de su nacimiento. A través de la responsabilidad compartida de muchos adultos que cuidan de niños y adolescentes, y gracias a la sabiduría de los ancianos que buscan los dones que los jóvenes tienen y los animan, una nueva semilla de lo verdaderamente humano puede brotar. *Los niños, los adultos en crecimiento y los ancianos proporcionan, juntos, los medios para ser recipientes del nuevo ser humano.*

En sus vidas, no verán a los nuevos humanos, pero verán el comienzo de su nacimiento. Con todas las pruebas y desafíos que surgirán internamente en la comunidad, así como las amenazas incalculables del entorno externo, estas comunidades serán incubadoras para un experimento humano potencialmente nuevo.

Individuos en todo el mundo encarnarán con poderes, conocimientos y la capacidad de despertar almas. Se moverán rápidamente por regiones, fomentando la unión de comunidades y tribus de personas. Estos individuos serán sanadores, maestros y portadores de sabiduría que pueden reequilibrar y guiar a las personas en nuevas direcciones. Pueden ayudar a fortalecer comunidades para que se alineen con otros grupos. Lo más importante es que ayudarán a liberar antiguas creencias y sistemas ideológicos que mantienen a individuos, grupos y comunidades en patrones antiguos. Los patrones antiguos no resistirán en el despertar y la oleada de nuevas energías que emergen en el mundo.

Siempre que un planeta de seres atraviesa las condiciones de su viaje de experiencia de ego tridimensional y colapso cultural, la evolución debe acelerarse. La ayuda llegará. Seres como nosotros somos llamados a venir desde la conciencia infinita para estar presentes y apoyar la evolución potencial que puede surgir aquí. No somos superiores a ustedes. Hemos pasado por miles de encarnaciones y hemos llegado al punto de liberación potencial de la misma manera que ustedes enfrentan la masiva conflagración que confronta a su planeta hoy.

Hemos venido a apoyarlos. Muchos seres como nosotros están presentes, desafiándolos a energizar su corazón, proporcionando visión e información, enseñando y brindando orientación, y apoyando a individuos y grupos de personas. Lo importante que deben saber es que podemos enseñarles, alentarlos y apoyarlos, pero no podemos controlar, dominar ni quitarles sus elecciones, decisiones y aprendizaje, ni sus destinos individuales y colectivos. Estas calamidades mundiales aceleran el crecimiento, el desarrollo y los avances tanto para los individuos como para el potencial de un nuevo nivel de evolución humana. Hay científicos, policías, maestros, médicos, sanadores, profesores, carpinteros, inventores, madres, parejas y figuras religiosas, todo tipo de personas, que forman parte de este potencial en crecimiento.

Tú, que estás leyendo esto, eres parte de los precursores. Eres de aquellos que sientes el impulso del despertar interior y que te das cuenta que tus dones están emergiendo y eres desafiado por las circunstancias de los tiempos, te mueves en nuevas direcciones con grupos de personas que resuenan en el mismo nivel energético. Estás dispuesto a utilizar la energía grupal en la comunidad para expandir y expresar una nueva conciencia en el proceso de la vida diaria. En el núcleo de esta conciencia está el sentimiento, la perspectiva y la comprensión a los que tú y otros están siendo llamados, para ser las semillas de una nueva humanidad que romperá el dominio que retrasa la aparición de seres humanos que cruzarán la brecha del antiguo humano al nuevo.

Dado lo que hemos descrito, sugerimos una práctica para que exploren estos comentarios que hemos hecho.

Práctica

Nuestra práctica para esta sección es simple. Te animamos a examinar primero en tu interior si este es el momento adecuado para ser parte de una comunidad de apoyo, protección y estímulo espiritual que tenga la disposición de desafiarte a desarrollar tus dones y despertar a quien realmente eres.

¿Cómo sabrás que estás listo para ser parte de algo mucho más grande que tú? Es posible que ya formes parte de algún grupo. Puede ser una organización de servicio en tu comunidad. Puede ser una iglesia o algún tipo de grupo espiritual. Puede ser un grupo que practica yoga o un grupo que de alguna manera está desarrollando tu cuerpo, mente y corazón a través de la meditación, el canto o el chi gong. Estos tipos de grupos y actividades, entre muchos que no mencionamos, proporcionan un punto de partida para tus consideraciones y exploración de la pregunta más amplia sobre tu compromiso con una comunidad viva.

Al reunirse con un nuevo grupo, noten si se sienten protegidos o tensos con las personas, el propósito y el funcionamiento del grupo. Observen las actitudes y relaciones con las personas del grupo y si "se sincronizan" con ustedes a través de la conversación, el sentimiento y cómo sus cuerpos responden al estar con ellos. Lo más importante, ¿se sienten desafiados de manera positiva por los individuos y el propósito del grupo de modo que esta comunidad de personas les ayudaría a crecer y abrirse a su despertar?

Te sugiero que hagas una lista de los grupos en los que participas regularmente. Si no eres parte de un grupo, considera qué tipo de grupo podría interesarte. Si actualmente estás en un grupo o no, siéntate en silencio regularmente para que puedas comenzar a formular qué tipo de grupo te ayudaría a dar el siguiente paso en tu vida. Cualquier cosa que surja en ti, permítete explorar las posibilidades examinando los grupos en los que estás o, si no estás en un grupo, encuentra uno y asiste para que puedas determinar tu resonancia interna con el grupo.

La primera parte de este ejercicio es aumentar tu capacidad de resonancia interna con un grupo.

Para aquellos que no están actualmente en un grupo, su intención al explorar un grupo no es unirse, sino explorar la resonancia entre el grupo y ustedes. La *resonancia es la sensación de ser bienvenido o no a nivel de corazón*. Al reunirse con un nuevo grupo, noten si se sienten protegidos o tensos con las personas, el propósito y el funcionamiento del grupo. Observen las actitudes y relaciones con las personas del grupo y si "se sincronizan" con ustedes a través de la conversación, el sentimiento y cómo sus cuerpos responden al estar con ellos. Lo más importante, ¿se sienten desafiados de manera positiva por los individuos y el propósito del grupo de modo que esta comunidad de personas les ayudaría a crecer y abrirse a su despertar?

Para aquellos que ya están en un grupo o grupos, reexaminen su resonancia con un grupo en particular de la manera que explicamos anteriormente. Pueden optar por salir de algunos grupos o reforzar tu relación con otros.

Para aquellos que ya pertenecen a uno o varios grupos y para aquellos que están explorando un grupo nuevo, entiendan que el grupo no tiene que ser perfecto. Lo que están explorando es un sentimiento del corazón y un conocimiento interno. Si intentan continuar con el grupo en el que ya están o si están buscando un grupo nuevo, su decisión de formar parte de él debe basarse en algo más que la preferencia. Como hemos enfatizado, su principal instrumento de toma de decisiones es el enfoque en su resonancia interna y un radar de sentimientos genuinos del corazón sobre el grupo de su parte. Si están conectados con la resonancia dentro de ustedes, su intuición les dará el sí o el no.

Recomendamos que, para aquellos de ustedes que ya forman parte de un grupo o grupos, hagan la misma prueba consciente de resonancia. Puede haber grupos de los que necesiten alejarse pero que han sentido reticencia en hacerlo. Puede haber otros grupos en los que han estado en los márgenes, pero aún no se han comprometido y se dan cuenta de que el grupo está más alineado con ustedes.

> su principal instrumento de toma de decisiones es el enfoque en su resonancia interna y un radar de sentimientos genuinos del corazón sobre el grupo de su parte. Si están conectados con la resonancia dentro de ustedes, su intuición les dará el sí o el no.

Como dijimos en la última sección, las decisiones que toman no son fundamentalmente a través del pensamiento, sino a través de la resonancia de su corazón. A nivel mental, un grupo puede no tener sentido para ustedes, pero el sentimiento del corazón, la intuición y la percepción de sus propias necesidades les guiarán. *Recuerden: al igual que los seres humanos evolucionan, lo hacen también los grupos cuando son guiados por la energía del corazón.*

Primer Paso

Este primer paso en la práctica consiste en explorar tu resonancia con un grupo o grupos que estén en la esfera de tu vida diaria. La mayoría que están leyendo esto no forman parte de una comunidad viva comprometida. Nos damos cuenta que, para la mayoría de ustedes, el compromiso con una comunidad viva, activa e independiente no es posible en este momento de sus vidas. La exploración en esta etapa es comenzar a aprender qué tipo de grupo puede prepararte para dar el salto a una comunidad viva cuando sea necesario para ti y para tu familia, si la tienes.

Segundo Paso

Para algunos de ustedes que ya están en un grupo que cumple con el criterio de resonancia del corazón, es posible que deban iniciar varias conversaciones: una que desafíe al grupo a tener una interacción más centrada en el corazón sobre las relaciones individuales entre ustedes; una sobre los valores que guían al grupo; una sobre el propósito del servicio externo del grupo; y otra sobre el nivel de desarrollo interno y externo que fomenta o no el grupo. Esta conversación a menudo puede ser desafiante y requiere una presencia compasiva y abierta para que otros escuchen sus preocupaciones y solicitud.

Puede que tengas que participar en conversaciones individuales antes de una discusión en grupo. Recuerda que el propósito de este tipo de conversaciones es explorar por ti mismo cuáles son los desafíos al trabajar y vivir con personas en un entorno grupal. Tu intención es sentir gratitud por el grupo, compasión por ti mismo y por los demás, así como coraje y confianza en que, independientemente del resultado de este tipo de conversación, *llevará tiempo para que los individuos y un grupo "actualicen" su resonancia y propósito juntos.*

Tercer Paso

El tercer paso es para algunos de ustedes que pueden querer comenzar un nuevo grupo.

Si sientes un llamado interno para iniciar un nuevo grupo que encarne las preocupaciones y cuestiones que hemos delineado, podemos proporcionar algunos lineamientos.

Lo que significa comenzar un nuevo grupo es primero saber que tienes un llamado interno para crear un grupo y una orientación interna sobre el propósito y la estructura del grupo. Sin embargo, comprende que estás siendo llamado como un "iniciador", no necesariamente como el líder de un grupo. Ser el iniciador requiere una profunda resonancia de compromiso dentro de ti. Sin una resonancia de compromiso con lo desconocido y lo que aprenderás, ten cuidado al iniciar un grupo. Este puede no ser el momento adecuado; tu guía para querer iniciar puede estar esperando un momento específico para unir a aquellos que tienen la misma resonancia que tú.

Nuevamente, un iniciador de un grupo no es necesariamente el líder de un grupo. Un iniciador lleva el impulso energético que puede atraer a otros a la visión, a la promesa de lo que el grupo o el proyecto representan. El liderazgo de un grupo va más allá de la iniciación y la resonancia, hacia la manifestación de la estructura, la resolución de problemas y todos los temas que un verdadero líder debe manejar como el administrador del grupo. Puedes ocupar la posición de iniciador y líder para el nuevo grupo, pero debes observar cuidadosamente y examinarte a ti mismo para determinar si en realidad tienes la fuerza, las capacidades, la experiencia y la capacidad para ser también el líder funcional. Como iniciador, si reconoces que no eres el líder funcional, debes estar en un alto nivel de resonancia con el líder, y el líder contigo.

Como iniciador, atraes a las personas hacia una resonancia común de ideas, propósitos, perspicacias, formas de servicio o lo que esté surgiendo dentro de ti. Reconoce que este impulso de iniciador es una activación de tu don que quizás no hayas entendido antes. A menudo, una chispa interna es lo que activa tu verdadero don. Si la idea de iniciar un propósito y enfoque de grupo en particular es tu trabajo, llevará tiempo, compromiso para seguir adelante y orientación interna para formular qué, por qué, dónde y cómo se puede manifestar y comunicar la intención del grupo a otros.

Puedes iniciar con el propósito y la forma del nuevo grupo para otros, pero la resonancia, el sentimiento y la intención atraerán o no a las personas a explorar contigo. Recuerda, es tu llamado interno, guía y resonancia con la chispa de crear el grupo lo que te está llamando, no las ideas o el propósito u organización que llaman a un grupo a existir. No necesitas saberlo todo. Solo mantente alerta a los impulsos internos y situaciones que surgen y te guían.

Para cualquiera de ustedes que esté considerando la posibilidad de crear un grupo, el desafío no es juzgar ni aferrarse a sus puntos de vista, sino estar dispuesto a tomar medidas y dejar que aquellos que también quieran contribuir a la creación participen. La vida en grupo siempre estará en crecimiento y evolución de la creación mutua si las personas están en resonancia y contribuyen con sus dones y habilidades. Siempre, la disposición a soltar es lo que abre espacio para la resonancia mutua, la participación, la contribución y la creatividad.

> ¿Cualquier grupo al que te comprometas más profundamente y con el que tengas resonancia se convertirá en un grupo de "vivir en comunidad" para ti?

Estos tres análisis sobre la participación en grupos representan la primera fase de aprendizaje de la resonancia y el desarrollo del grupo. Los grupos en los que estás, en los que quieres estar o que deseas crear son situaciones de preparación y aprendizaje para las comunidades de supervivencia y prosperidad en las que puedas involucrarte. Una pregunta importante es: ¿Cualquier grupo al que te comprometas más profundamente y con el que tengas resonancia se convertirá en un grupo de "vivir en comunidad" para ti?

A medida que empeoran las condiciones en la sociedad y el medio ambiente, ¿podrás establecer o formar parte de un grupo de "vivir en comunidad" que cree un lugar seguro para ti y tu familia? ¿Tus vecinos actuales, comunidad y área circundante ofrecen el potencial para la autosuficiencia, el cultivo de alimentos, el agua, la protección contra el colapso de las estructuras normales, el gobierno y las leyes sociales? ¿Tu ubicación cumple con los desafíos de eventos climáticos importantes que afectarán tu entorno circundante?

Al responder estas preguntas, puedes considerar buscar otras áreas y comunidades que sean más adecuadas para vivir durante cambios importantes. Mudarse siempre es un desafío. Requiere buscar orientación interna. Si tienes una familia, es necesario alinearte con tu pareja e incluso tus hijos sobre la posibilidad de mudarse. Tus puntos de vista pueden parecer demasiado radicales para que actúen de la manera en que tú crees y sientes. Las elecciones como esta no pueden venir de una reacción por miedo o desde una vista y creencias mentales, sino de la dirección que te marca tu camino y los dones y la dirección de tu vida. Será tu resonancia, Amor y cuidado lo que tienes para alinearte conjuntamente o no. La pregunta siempre será esta: "¿Salté demasiado pronto o esperé demasiado?"

Realizar las prácticas de la medicina para el corazón puede proporcionar una base y resonancia que te ayudará a sobrevivir y prosperar de formas que no puedes imaginar.

Elegir ser parte de un "vivir en comunidad" para "sobrevivir y prosperar" requiere cuidado y seriedad en cuanto a las prácticas de búsqueda interna, liberación del tejido del ego, confrontar tu propia muerte y confiar en el propósito por el cual viniste a esta vida. Tu destino puede ser quedarte donde vives y prestar servicio, cuidado y compasión para quienes te rodean. Cada uno tendrá su propio propósito en estos tiempos, cumpliendo su propio karma y destino del alma. Los dones y el camino de tu vida son el camino que tú y todos deben elegir para cumplir.

Hoy, en tu vida hay lecciones que aprender, milagros que experimentar, relaciones que nutrir y nuevas formas de creatividad para expresar a través de ti. La oportunidad en estos tiempos, para ti y para todos, es el desafío de despertar a la verdad de quién eres realmente. Es despertar a tus dones más profundos y expresarlos, y así descubrir un asombroso camino de aprendizaje que te lleva a la realidad última. Ya sea que esto provenga de estar en un "vivir en comunidad" en particular o no, este es el propósito último en tu vida.

Nuevamente, decimos a aquellos que están leyendo este libro, que realizar las prácticas de la medicina para el corazón puede proporcionar una base y resonancia que les ayudará a sobrevivir y prosperar de formas que no pueden imaginar.

Nuevamente, decimos a aquellos que están leyendo este libro, que realizar las prácticas de la medicina para el corazón puede proporcionar una base y resonancia que les ayudará a sobrevivir y prosperar de formas que no pueden imaginar.

Cada uno de ustedes tiene guías y maestros que están presentes para ustedes. Aprendan a conectarse con ellos. Hay espíritus energéticos a su alrededor en la tierra y el cielo, en los árboles y las flores, en los animales y las aves, y en las montañas y los mares. Es posible que nunca los vean ni los escuchen hablar, pero todos los seres tienen conciencia y descubrirán que naturalmente sintonizan con diferentes seres. Agradézcanles y pidan su asistencia en todas las formas en que se desarrolla su vida.

Una forma sencilla de comenzar a conectar con nosotros o con otros maestros, guías y seres de la naturaleza es sentarse en un estado tranquilo y meditativo con un cuaderno y un bolígrafo y pedir que estemos presentes contigo. Formula una pregunta y comienza a escribir la respuesta a esa pregunta.

Al principio, es posible que creas que no está sucediendo nada especial. O puedes sentir que simplemente estás escribiendo las palabras debido a los pensamientos o la imaginación de tu propia mente y ego. Recuerda que estamos utilizando tu estructura mental y emocional para responder a tu pregunta. Cada vez que dudes, regresa a tu corazón y afirma la confianza en que tu conciencia te está expandiendo de una nueva manera y di la frase con la que trabajaste en la Reflexión: "Libero todos los pensamientos, recuerdos y emociones que crearon mi vida y mi mundo". Enfócate en esa frase en tu mente y repítela varias veces, luego cambia tu enfoque a tu corazón repitiendo: "El Amor es mi esencia, todo lo que soy es Amor."

Incluso en este ejercicio de establecer contacto con nosotros, estás liberando más hilos del tapiz de tu ego. Luego, vuelve a escribir. Nota que mientras escribes hay un espacio entre tus pensamientos y lo que estás escribiendo. Es en ese espacio de silencio donde te estás conectando a un nivel más profundo; el flujo de la escritura, la sensación de conexión, crecerá. Cuando pierdas ese espacio de sensación, detente, ve a tu corazón y luego continúa escribiendo. Como con cualquier práctica, estás rompiendo patrones antiguos y creando nuevos. Con el tiempo, muchos no tendrán que escribir; pueden empezar a escuchar la voz y dialogar de esa manera. Otros realmente verán imágenes de lo que se les está comunicando. Sin importar en qué forma interna ocurra la comunicación al principio de tu práctica de comunicación, te sugerimos que escribas lo que estás experimentando, ya que este es un proceso de enraizamiento y una forma de revisar lo que se te ha comunicado. Con el tiempo, será un proceso natural comunicarse con las energías invisibles y las presencias que están siempre presentes contigo.

Hay seres como nosotros de muchas dimensiones que están presentes ahora y a quienes puedes llamar. Recuerda, en nuestra comunicación, aconsejamos, alentamos, enseñamos y te apoyamos. Ese es nuestro papel aquí. No tomamos decisiones ni elecciones por ti. En esta dimensión de la tierra, aprendes a despertar por tus propias escogencias y decisiones.

Confía en ti mismo, ámate a ti mismo, sintonízate con la resonancia interna de la frecuencia energética del Amor. Practica aquello que nutrirá tu corazón, sanará tus heridas y liberará el tapiz de tu ego para que puedas vivir en la verdadera naturaleza de quien realmente eres.

Hay seres como nosotros de muchas dimensiones que están presentes ahora y a quienes puedes llamar. Recuerda, en nuestra comunicación, aconsejamos, alentamos, enseñamos y te apoyamos. Ese es nuestro papel aquí. No tomamos decisiones ni elecciones por ti. En esta dimensión de la tierra, aprendes a despertar por tus propias escogencias y decisiones.

Posfacio

*E*stimado Amigos,

Ustedes, lectores que han respondido a este material y han trabajado con las prácticas, pueden darse cuenta de un nuevo potencial para desarrollar el poder de la energía del corazón dentro de ustedes.

Afirmamos nuevamente que hemos estado con ustedes mientras leían y trataban de trabajar con las prácticas. Son las prácticas de las energías del Amor las que son más importantes. En muchos aspectos, el material, los conceptos y los temas que hemos proporcionado son menos importantes que el hecho de que diariamente se tomen el tiempo para trabajar con las prácticas. Es a través de las prácticas energéticas con las que pueden desentrañar el tapiz de su ego, despertar a su verdadera naturaleza y tener la capacidad de vivir una vida libre de miedo, duda, ira, vergüenza y desesperación.

Las fuerzas de la naturaleza y las fuerzas de la civilización están colapsando y reequilibrando este planeta que es su hogar. Un futuro improbable se extiende ante ustedes, tanto como individuos como humanidad. Este colapso crea la tensión necesaria para

> Este trabajo y nuestro abordamiento hablarán a algunos, pero no a todos.

desarrollar una nueva especie que pueda transformarse mediante el poder del Amor. Cómo ocurrirá esta transformación se expresa a través de muchos seres y de muchas maneras diferentes en este momento. Este trabajo y nuestro abordamiento hablarán a algunos, pero no a todos.

Muchas voces están apareciendo en este momento como un contrapeso a la destructividad de su mundo. Si les hablamos a través de este material, les alentamos a practicar y a abrirse al servicio a los demás. Nuestro propósito con este material es alentarles a convertirse en un ejemplo y una voz de sanación tanto para ustedes mismos, su familia, amigos y comunidad, como para los muchos seres no humanos en este planeta. La naturaleza es su compañera y todas las formas, animales, aves, peces, árboles, el clima, los océanos y los ríos, son conscientes. Están intentando comunicarse con ustedes. Escuchen, ábranse a ellos, porque les enseñarán y les ayudarán en este momento difícil.

Sepan que están sostenidos por la Presencia de la Conciencia en todos los niveles de la existencia y que esta Presencia les apoyará, cuidará de ustedes y les ayudará de manera práctica si tan solo intentan comunicarse y sienten y responden a ella.

Sepan que cada uno de ustedes tiene guías y maestros más allá de esta realidad tridimensional, incluso si no son conscientes de ellos. Aprendan a abrirse a la riqueza de la enseñanza, el apoyo y la atención que pueden brindarles.

Sobre todo, hay una Fuerza y una Presencia que abarca todo lo que somos. Pueden llamarlo Dios, el Cosmos, la Presencia, la Luz o con cualquier palabra que elijan. Esta Presencia es la Fuente de toda Existencia. Es eterna y abarca todo. Es esta Presencia en la que se están convirtiendo.

Están ingresando en un tiempo de experiencia directa, no de creencias. Las creencias van y vienen en el desarrollo del conocimiento consciente. El patrón de crecimiento y desarrollo, y el servicio a los demás, es un proceso de soltar viejas creencias, actitudes y comportamientos. Los tiempos en los que se encuentran requieren y proporcionan los medios para tener un encuentro de conocimiento y experiencia directa. Esta experiencia directa de la Presencia y la realidad será fácil para algunos de ustedes y difícil para otros. Sepan que, cualesquiera que sean las condiciones y circunstancias de su vida, tanto las dificultades internas como las externas de su vida acelerarán el poder que tiene el Amor de florecer dentro de ustedes.

A lo largo de este material, hemos afirmado que estamos realmente presentes con ustedes mientras leen y practican lo que les estamos proporcionando. No somos dioses; más bien, somos guías y maestros ancianos a quienes pueden invocar si lo desean. A lo largo de su historia, los maestros espirituales han afirmado que, si piden, reciben. Cada uno de ustedes tiene maestros y guías. Pídanles y pídanos a medida que enfrenten condiciones y oportunidades, desafíos y problemas. La ayuda siempre está presente para ustedes si la piden.

Así que, les solicitamos que la última práctica que hagan al terminar este libro sea sentarse en silencio ahora.

1. Usen su respiración para relajarse y sientan la energía de Gratitud que sube desde la tierra a través de su cuerpo hacia su corazón, y luego sientan la energía del cosmos que fluye desde la parte superior de su cabeza hacia su corazón.
2. Respiren en su corazón la energía combinada que les conecta con la tierra y les expande. *Esto es medicina para su corazón*.
3. Sigan sentados en esta quietud de su corazón durante un tiempo mientras inhalan esta energía combinada del cielo y la tierra.

4. En esta quietud, pidan que la energía del corazón les guíe y les muestre con mayor claridad su camino, su propósito y la dirección inmediata de su vida.

5. Sientan la confianza en su interior y luego abran su mente y suelten sus miedos. Sepan que, al pedir guía, esta se desplegará tanto en su mente como en su corazón y en su entorno a través de otras personas, circunstancias y encuentros con las fuerzas de la naturaleza. Cuando pidan ayuda de todo corazón, esta llegará a ustedes.

La clave de su vida es seguir permitiendo que esta medicina de su corazón los guíe y les abra a la realidad de la existencia. Siéntense a diario en esta quietud de su corazón, y todo lo que esté destinado a venir y expresarse en y a través de ustedes se manifestará en belleza, poder, creatividad y Compasión.

Estén en paz, confíen en su corazón y sepan que son guiados. Estamos agradecidos que estén en el mundo en este momento y lugar.

Reconocimiento

Con una profunda reverencia de agradecimiento a los Tres: Kandin, Jaybar y Raymar, a ustedes que solo saben de Amor, por los años de guía, enseñanzas y desarrollo interno.

Sobre el Autor

David T. Kyle, PhD

*D*esde los siete años, he tenido una variedad de experiencias paranormales e iniciáticas. A lo largo de los años, he estudiado con varios maestros espirituales chamánicos y dotados guías espirituales que me han enseñado e iniciado. Las tradiciones chamánicas han sido la base subyacente de mi crecimiento personal y trabajo en el mundo. Como maestro, consultor, escritor y sanador, al aprender a confiar en la guía y dirección internas he podido encontrar el camino de mi vida. He sido escritor toda mi vida. Como la mayoría de los escritores, he escrito tanto ficción como no ficción, poesía, cuentos cortos y artículos. Considero que este trabajo, *"Las Enseñanzas Energéticas de los Tres"* y una próxima serie de ficción titulada "El Fin de la Historia", nos ayudarán a orientarnos en los tiempos desafiantes en los que estamos y nos darán dirección y visión. El primer libro de la serie "El Fin de la Historia" que se publicará tendrá como título "La Voz".

Libros del Autor

Humanos Robots y Mecánicos Sagrados: Recuperando Nuestras Almas en un Mundo de Máquinas

La aventura de otro tipo de vida y mundo está comenzando a emerger y está creciendo en muchos de nosotros. A medida que elegimos una forma diferente de vivir y volvemos a nuestro conocimiento interno de la verdad que los antiguos siempre han visto, nos alejamos del mundo de consumo de las Máquinas mientras todavía vivimos en él. Nuestra tarea es descubrir cómo ser mecánicos sagrados, cómo ayudarnos a nosotros mismos como robots humanos a reclamar nuestras almas, especialmente a medida que el mundo de las Máquinas comienza a desmoronarse. El primer paso es comprender cuán atrapados estamos en una sociedad mecanizada y orientada al consumidor. Cada uno necesita descubrir cómo la economía corporativa crea una Cultura de las Máquinas en la que todos somos "aceites" de nuestro empobrecimiento espiritual. Hemos sido desconectados de lo sagrado y cada uno de nosotros necesita una iniciación espiritual más profunda. También necesitamos iniciar a líderes ancianos, establecer comunidades epifánicas, abstenernos de los medios de comunicación y mapear la topografía de nuestra experiencia interna para recuperar lo sagrado en nuestra vida diaria y concebir un futuro diferente juntos.

Las Cuatro Potencias del Liderazgo: Presencia, Intención, Sabiduría, Compasión

El liderazgo se presenta de muchas formas, desde organizaciones de servicio locales, comunidades religiosas y pequeñas empresas hasta corporaciones con sus muchas capas, desde gerentes hasta el CEO. Las Cuatro Potencias del Liderazgo les ayudarán a comprender su estilo de liderazgo y cultivar las Cuatro Potencias para cualquier tipo de liderazgo. Ya sea que estén luchando con problemas de liderazgo o simplemente quieran ser el mejor líder posible, comprender sus fortalezas y debilidades como líderes les permitirá ser más auténticos y efectivos. Obtendrán una comprensión de la brecha entre el poder personal (su carisma inherente e innato como líder) y el poder posicional (la autoridad conferida en su posición específica como líder), y la naturaleza de las Cuatro Potencias como medio para cerrar esta brecha. También encontrarán modelos y herramientas para ayudarles a cultivar las Cuatro Potencias en su propia vida y convertirse en el líder extraordinario que estaban destinados a ser.

www.ingramcontent.com/pod-product-compliance
Lightning Source LLC
Chambersburg PA
CBHW031115080526
44587CB00011B/987